インフォーマル組織力

組織を動かすリーダーの条件

leading outside the lines

ジョン・R・カッツェンバック 著
ジア・カン 著
ブーズ・アンド・カンパニー 訳

税務経理協会

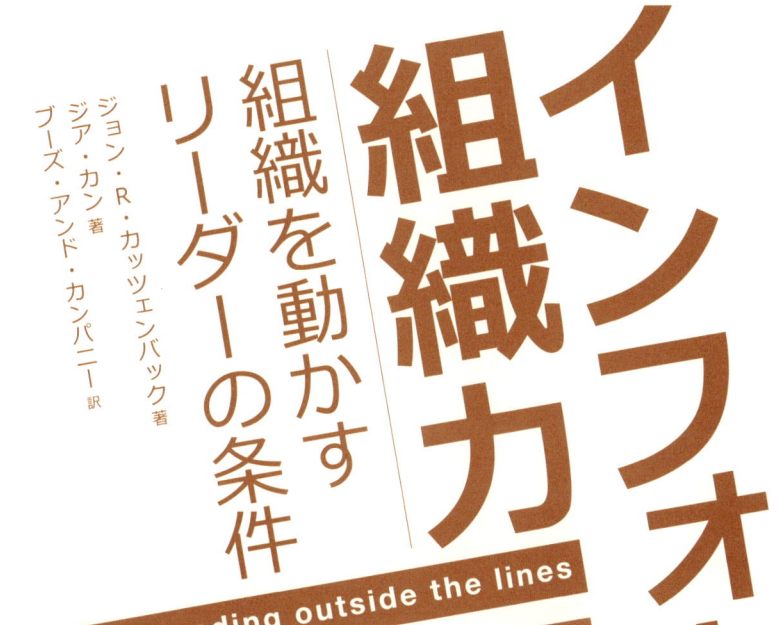

leading outside the lines :

How to Mobilize the (in) Formal Organization,

Energize Your Team, and Get Better Results

by Jon R. Katzenbach / Zia Khan

Japanese translation rights arranged
with John Wiley & Sons International Rights, Inc., New Jersey
through Tuttle-Mori Agency, Inc., Tokyo

まえがき

本書は、どの国で読まれるかによって、受け止められ方が大きく違っているようだ。たとえばアジアでは、職場における従業員の細やかな感情が、欧州や北米より重視されると言われる。日本企業は特に、そうした「ソフト」な側面で多くの要素に長けている。組織への貢献を重視する文化と長期雇用のため、日本企業の従業員は、米国企業の従業員よりも自社への忠誠心とプライドを持ちやすい。しかしながら、そのプライドはあくまでも自社への帰属心であり、必ずしも自分が担当している仕事に対する情熱ではない場合も多い。欧州・アジア・アメリカでの我々の経験を踏まえると、「ある人が自分の仕事に対してどう感じているか」は、どの国においても成果を決定づける基本的な要素である。それは現場のパフォーマンスと行動を動機づける上で、金銭よりもすぐれたモチベーターとなる。

日本企業では、米国企業などよりはるかに強く従業員間のインフォーマルなネットワークが張り巡らされている。しかし、そうしたインフォーマルな関係性をどのように高い成果につなげるのか、処方箋は必ずしも明確でない。日本の経営リーダーが考えるべき問いは、以下のようなものである。

・　自社内の人的ネットワークは、本当にビジネスに前向きに貢献しているのか
・　成果につながる行動を促すよう、既存のネットワークを活用できているのか

・社内の人的ネットワークは、フォーマルな仕組み（組織構造、業務プロセス、プログラム、規則や評価指標）と効果的に連動し、フォーマル・インフォーマルの両面から最適なものを得られるようになっているか

・従業員は、本当の意味で自社にプライドを持てているのか。帰属先としてだけでなく、仕事そのものに対しても誇りを持っているか

・最も重要な点として、従業員は戦略や成果指標に対して心の底からコミットメントを持っているのか、あるいは頭で理解して従っているだけなのか

何年にもわたる我々の研究とコンサルティング経験では、最高の成果を上げる経営リーダーを特徴づけるのは、仕事の「ハード」な側面と「ソフト」な側面のバランス、そして環境に応じて両者をダイナミックに使い分ける能力であることがあきらかになっている。米国や欧州では、多くの大企業がソフトな側面、つまりインフォーマル組織が持つ人を動機づけ、成果につながる行動を自発的に維持させる力を見逃しがちである。反対に、多くのアジア企業ではソフトな側面に集中するあまり、フォーマルな仕組みが持つ価値を軽視しがちである。どちらか一方だけでは、最高のパフォーマンスを維持することは難しい。

現在では、国籍にとらわれない組織のグローバル化が、企業の長期的な成功にますます不可欠となってきている。我々はその変化が、組織のあらゆる階層で新しい種類のリーダーシップを強く求めていると考える。そして、その新たなリーダーシップとは、従業員を動機づけ顧客に奉仕するにあたり、国籍を超えてフォーマルとインフォーマルを真の意味で統合し、両面から最適な結果を導き出す

技である。それら両面を強みとして習得し、両者のバランスを激変する市場環境と多様性を増す職場環境の中でたえず変化させ、競争優位を維持できる企業こそが、グローバル競争における未来の勝ち組企業となるだろう。

ジョン・カッツェンバック
ジア・カン

訳者まえがき

昨今は日本経済について暗いニュースが目立つ。日本の失われた一〇年は二〇年となり、さらに高齢化と財政悪化、政治の混迷によってこの先の展望も不透明さを増している。そのような中で、いま日本の多くの組織に重苦しい停滞感が蔓延している。さまざまな企業に対するコンサルティングを通じて、我々は日本の組織における「三大疾病」とも言うべき共通の問題を目にすることが多い。「三大疾病」とは、具体的には以下のような三つの症状である。

・**非効率**　業務プロセスに無駄が多く、内部の調整に膨大な時間を取られる。戦い方が部門や個人ごとにバラバラであり、局地戦での成功を、仕組みとして全体に展開することができない。組織の人口ピラミッドが歪んでいるが、人員調整もできず、かといって社員の頭数を正当化するほどの一人当たり生産性の向上は見込めない。

・**不活性**　職場に活気が足りず、とがった人材や面白いアイデアが出てこない。疲弊感やストレスばかりが増し、無理な業績目標に追われて毎日が終わってしまう。従業員の間の人的なネットワークはあるが、明るい前向きな話題に乏しく、愚痴や噂話が多い。

・**内向き**　顧客や競合が今どうなっているのか、という視点ではなく、内部で長年培われた「掟」が強い影響を持っている。何か物事を進める際は、内部の派閥抗争をどのように丸く治めるかが最も重要な関心事項になる。昨今、グローバル化が広くうたわれているが、経営層を含め適材適所で外国人も活躍できる組織となり、海外で戦える人材を大量に輩出するには、まだ相当な距離感がある。そもそも外国人以前に、中途採用の人材さえ「よそ者」扱いされ本当の意味ではうまく活用できていない。

驚くほど多くの組織について、このような悩みのいくつか、もしくはすべてがあてはまる。そしてそれに対する処方箋として、業務効率改善プログラム、職場活性化プロジェクト、グローバル人材育成プログラムといった、多くの取組みが行われている。しかしそのように、「目標設定」し、「予算」をつけ、「権限責任」を決め、「ルール」化されたプログラムで組織を変えようとしても、それだけで変革がうまくいくとは限らない。

組織が本当に変わるときは、そこにいる一人ひとりの心が動き、少しずつ情熱に火がつく流れがあるものだが、プログラムで人為的にそうした流れをつくるのはとても難しい。しかし一方で、組織で影響力あるオピニオンリーダーやカリスマが「人間関係」を生かし「感情」に訴えて自然発生的に変革を起こすのを待っていても、そのような流れが定着するとも限らない。本書はこのような古くて新しい問題意識に対して、「フォーマルな組織」と「インフォーマルな組織」というコンセプトから、すっきりとした全体像と行動のヒントを提供するものである。

本書は米国企業の視点から書かれたもので、登場する事例のいくつかは日本人が自分のこととしてそのまま読み下すには違和感が残る部分もあるだろう。簡単に言ってしまえば、米国企業の方が報酬体系や職務分掌・成果指標を中心としたフォーマルな仕組みが明確につくられており、それに対する問題意識はそこまで深刻でない。一方で組織内の人的ネットワークや現場での創意工夫・助け合いなど、インフォーマルな要素の基本的な前提に大きな悩みを抱える例が多く登場する。日本企業の場合、インフォーマルな部分にも悩みはあるものの、むしろ深刻な悩みは逆に最低限必要なフォーマルな仕組みをきちんと機能させる面にもあるだろう。

このような文脈の違いはあるものの、だからこそ本書は示唆深いともいえる。国籍に関わらず、あらゆる企業が持続的に高い成果を上げる組織を目指している。そして、そのために「フォーマル」な仕組み（合理性）と「インフォーマル」な要素（感情）の両面が必要だとする考えにも、反対意見はないだろう。しかし、具体的な悩みの所在や強み・弱みは、文化や文脈によって実にさまざまである。このようにまったく別の文化の視点でも「勝てる組織」をつくるにはどうすればよいかを考えることは、組織面でグローバル化を進める日本企業にとって必要不可欠な複眼的思考のヒントを与えてくれる。

著者の二人は、ブーズ・アンド・カンパニーの組織とリーダーシップに関する研究機関である、カッツェンバック・センターの創立メンバーである。特にジョン・カッツェンバックは組織とリーダーシップを中心に数十年にわたりコンサルティング活動を続け、米国では著名な存在である。原著*Leading Outside the Lines*は、モチベーションや組織行動に関するアカデミックな知見も踏まえながら、豊富な現場の事例に基づいてわかりやすく組織の真髄を解きほぐしたビジネス書として高い評価を受けている。

本書が、秘めた底力を発揮し、一刻も早く停滞から脱することを目指す日本企業にとって、少しでもヒントとなれば幸いである。

二〇一一年九月

ブーズ・アンド・カンパニー　東京オフィス
オーガニゼーション・アンド・チェンジリーダーシップ・グループ

目　次

第2部 動機づけで個人のパフォーマンスを上げる

第6章　パフォーマンスの重要性 111

序章　コールセンターの「壁」

コールセンターでは奇妙なことが起こっていました。

大部屋をパーティションで区切ったブースで、ヘッドセットをつけた顧客担当者たちが電話対応をしていました。どのコールセンターでも見られるような光景ですが、他とは一つだけ違っていました。三メートル近い紫色の布が天井から吊されていたのです。その布が部屋を、顧客担当者とその他のスタッフの部署とに、真ん中から区切っていました。

我々はクライアントである保険会社重役の要請で、最近リニューアルされたコールセンターの視察に来ていました。その運営手法が同社の他のコールセンターへ適用できるかどうかを検討していたのです。

コールセンターの顧客担当者たちは、朝からずっと手際よく電話対応をしていました。しかし一一時頃、近くにいたグロリアのデスクから聞こえてきた声は、様子が違っていました。グロリアはどう対応してよいかわからないようで、少し困惑して何かを言おうとしては途中で遮られているようでした。やっとのことで「しばらくお待ちください。担当者に確認いたします」と保留ボタンを押すことができました。するとヘッドセットを外して、例の「紫の壁」へと向かったのです。そして布から一〇センチと離れていない距離から「フランク！」と大声で呼びかけました。すると「何だい！」と布の反対側から男性の声が聞こえてきました。

「レイオフされた従業員の奥さんから……の支払いについて聞かれているの」

グロリアは続けて詳細を説明しました。

「……ができるか知りたいようなの」

グロリアの説明が終わるとすぐにフランクが答えました。グロリアは「わかったわ」とすぐ席に戻ると、ヘッドセットを付け直しました。

「ご説明いたします……」

問題は即座に解決しました。

次の休憩時間、グロリアにこの「壁」について聞いてみました。彼女は次のように答えました。

「本当に馬鹿げているわ。六カ月前、顧客サービス部門を再編成した時に壁がつくられたのよ。チーム分けをはっきりして効率と集中を高めるんだって。でもチーム以外のスタッフとはしょっちゅう協力する必要があるし、そんな時は壁越しに大声で話すのが一番手っ取り早い方法だったりするのよ」

我々は三日間の視察で、この「壁越し」の会話を何度か目撃しました。後日、このクライアントの担当者に「壁」について聞くと、彼は組織編成に携わっていたにも関わらず「壁のことは知らなかった」と言うのです。数週間後、「壁」は取り払われ、チームは再び統合されました。そして壁越しの「大声」はなくなったのです[1]。

壁のアナロジー

この例のように、本物の「壁」と組織の「壁」が同じことはまれといっていいでしょう。企業内に存在する「壁」のほとんどはつかみどころがなく、実態が目に見えず、往々にして管理職はその存在を知りません。

馬鹿げた話ですが、このコールセンターの「壁」は仕事の種類、組織体系、コスト管理を考慮して、しごく論理的な理由で設置されたのです。にもかかわらず、「壁」はそこで働く人たちの仕事の邪魔になっていました。だから、スタッフたちはその「壁」を避ける方法を見つけ出したのです。

壁は「フォーマル」な組織階層（指揮命令系統）を意味し、公式な組織区分、命令体系、業務フロー、報告・連絡の流れとして文書化できます。壁を通しての大声は「インフォーマル」な組織（フォーマルな指揮命令系統の外にある隙間、人と人とのつながりや行動）です。

一般にフォーマルとインフォーマルは、一方が正しく一方が間違いと片づけられがちです。コールセンターの顧客担当者は組織が再編成され、チームの間に壁がつくられたとき、管理職は何を考えているのだと思ったことでしょう。逆に管理職は、コールセンターの従業員が組織のラインを無視して「壁越しに」大声で話しているのを聞いたとき首をかしげたはずです。

ほとんどの組織では、フォーマルな組織が依然として正しい管理法と考えられており、それが既定の構造です。多くのマネジャーがそうであるように、財務、経理、研究開発、オペレーション管理などの厳密なルールでトレーニングされた人たちの場合、特に職務規程、組織図、業務フロー、スコアカード、組織区分などはっきりとわかるものに従って動くことが頭に染みついています。もちろん、それ自体は決して悪いことではないのですが、そうしたマネジャーはたとえインフォーマルな組織も重要だと認めていたとしても、非公式の人間関係、社内文化、人々の感情、同僚からの期待や反目といった組織の微妙な機微に対して、居心地の悪さを感じているものです。公式のラインの外側から人を動かすことは、ラインに従って内側で管理するよりも難しいのです。なぜなら、担当もはっきりしておらず、手順もなく、何も文書化されていないからです。

しかし、フォーマルな組織とインフォーマルな組織は常に共存しています。過去何年にもわたり、小さな組織ではインフォーマルな組織が、大きな組織ではフォーマルな組織が重要な地位を占めてきました。しかし、これは今後長くは続かないと考えられます。急激な社会の変化、グローバリゼーション、インターネットを基盤とするソーシャルネットワークなどに代表される近年のビジネス環境では、過度にフォーマルで上意下達式な組織に依存するより、インフォーマルで階層化されず、創造性に任せるほうが、価値を生み出し続けるには適していると考える企業が増えてきています。

実際のところ、フォーマルからインフォーマルに移行することは簡単ではなく、むしろかなり難易度が高いといえるでしょう。しかし、その努力はそれに見合う成果をもたらします。フォーマルな組織を「管理する」のと同じくらいうまくインフォーマルな組織を自在に動かせることは、日々重要性を増しています。両方を組み合わせ、どちらのよさからも利益を得られるようバランスをとること、これができる会社が本当の意味で持続可能な競争力を持つのです。今求められているのは「インフォーマルとフォーマルの両方から最高の成果を得ること」なのです。

二つを巧みに使い分けられれば、それだけで競争上他社よりも先に進んでいると言えます。具体的には、以下に挙げるようなバランスの取れた行動をいくつも実践できている状態となるからです。

・フォーマルな組織のあらゆる意思決定や行動の原則となる「価値観」を育て、奨励している。この価値観は組織に属する人々の態度・考え方・非公式な行動や人間関係にもはっきり現れる。

・フォーマルに決められた長期戦略が最前線で働く人々に正しく理解されるように徹底している。一方で感情面への配慮や親身なサポートも提供し、戦略がすべての現場に浸透するようにしている。

・フォーマルな組織の特徴である効率性や明確な役割分担を維持しつつ、人々をインフォーマルにつなぐ同僚同士の交流やソーシャルネットワークのスピードと柔軟性も利用している。

・給料、ボーナスなどのフォーマルな報酬や表彰以外に、フォーマルではカバーできない、従業員が仕事に打ち込めるような感情面での動機づけを確保している。

本書の背景

我々がたどりついたこのようなフォーマルな組織とインフォーマルな組織への理解は、業界や分野、国を越えた数十年に及ぶ数々の研究、コンサルティングと個人的な経験に基づいたものです。

著者の一人であるジョン・カッツェンバックはマッキンゼー・アンド・カンパニーで、その後は自身の会社であるカッツェンバック・パートナーズ（現在はブーズ・アンド・カンパニーに統合）で、過去四〇年以上にわたりさまざまな企業へのコンサルティングを行ってきました。彼は長い間、チームにおける力学――組織がどのように機能するか、人はどのように動機づけされるか――に魅了され、これらのトピックの広範にわたって本や記事を書いてきました。ダグラス・スミスとの共著 *The Wisdom of Teams*（邦訳『「高業績チーム」の知恵――企業を革新する自己実現型組織』ダイヤモンド社、二〇〇四年）もその一つです。

もう一人の著者であるジア・カーンは長年の学究生活の後、経営コンサルティングの世界に入りました。カッツェンバック・パートナーズでいくつものコンサルティングプロジェクトを指揮し、その中で本書にまとめられた着想や方法が生まれました。彼は、戦略を活発にし、組織の業績を向上させる制度や体系を主に研究しており、現在はロックフェラー財団の戦略と評価を担当する役員を務めています。

フォーマルな組織とインフォーマルな組織について理解するためには、長い年月と少なくとも二つの「ひらめき」が必要でした。

最初のひらめきは、あるおだやかな夏の夜、モントリオールで夕食をしていた時でした。その日は、あるクライアント企業の戦略担当役員と、とても興味深い会話をしていました。彼の見解によると、彼の会社の現場で働く従業員たちは最近の組織再編に不満で、組織図が変更されたのに自分の仕事は以前と同じだと考えて行動を変えないとの話でした。

私たちは夕食をしながら、どうやって新しい組織に合わせて社員たちの方向性を一致させるかを話し合いました。ここで問題なのは、社員たちが同じ方向を向いて協力していないことだったのでしょうか。たしかに、会社が示した方向を向かないという意味ではその通りです。しかし、むしろ違う意味で、逆に社員が自分たちの中だけで同じ方向を向いてしまったことこそ問題ではないか、という結論に私たちは至りました。組織再編では、通常、新しい組織体制の中でマネジャーと社員の合理性にもとづく行動を、あるべき方向に向けて一致させることが目的となります。しかしこの例の場合、方向性の一致を見たのは、今回の再編によって廃止されたかつての地域別組織のマネジャーたちでした。彼らはインフォーマルなネットワークで社員たちに働きかけ連携することで、たくみにこの変革を阻止しようとしていたのです。

こうした連携はあきらかに意図的なものでした。彼らは、スタッフミーティングや部門会議、書面、プレゼンテーションといった通常の経路で発言するのではなく、インフォーマルなネットワークを通して連絡を取り合いました。連携は必要な時に随時行われ、記録は残されませんでした。その目的は組織再編を批判し、マネジャーの従来の権限を維持することでした。結果として、組織はバランスを失っていました。新しい公式の組織は顧客に合わせて構成されましたが、インフォーマルな地域別の組織が依然として強く連携を保っていたからです。

このようなインフォーマルなネットワークは、フォーマルな指揮命令系統のようには明確に定義されません。それでも、地域別組織のマネジャーが抵抗を成功させたように、やり方によって上手に管理できるものだと考えられます。マネジャーが組織再編に反抗するためインフォーマルなネットワークを結集できるのなら、これを逆に経営の武器として使えないはずがありません。フォーマルな組織の経営者がインフォーマルなネットワークをうまく使って変革を起こしたり、目的を達成することはできないのでしょうか。「できるはずだ」――それが答えでした。これが一つ目のひらめきです。

二つ目のひらめきは、しばらくしてやってきました。その時までに、我々のフォーマルとインフォーマルの関係についての考えはかなり進んでおり、インフォーマルをうまく使うことが短期にも長期にも組織の利益に寄与すると確信していました。またこのトピックについて頻繁にクライアントと相談し、セミナーでも発表・議論しました。ちょうどこれとよく似た側面を持つソーシャルネットワーク（フェイスブックやツイッターなど）が注目を浴びる中、ジャーナリストがこのテーマに興味を持ち出しました。我々もしばしばソーシャルネットワークとビジネス組織との関連性について意見を求められました。ソーシャルネットワークはそれだけ話題となっていたのです。

しかし、誰もがインフォーマルな組織やソーシャルネットワークのビジネスにおける重要性に魅了されていた訳ではありません。シリコンバレーでのセミナーでフォーマルとインフォーマルの関係について話したところ、質疑応答であるCEOが大声で怒鳴りはじめました。

「インフォーマルなどまったく無用だ！　私はやっとの思いで会社に絶対必要な、ごく当たり前の定型プロセスをほんの少しつくりあげたところだ。あんたらに言わせればこれも過度にフォーマルというだろうが、うちは市場シェアも運転資金も顧客もどんどん失っている状態だった。フォーマルなものがなければ、間違いなく倒産の危機にさらされていた。だが、やっとのことでほんの少しの規律と秩序を立ち上げて、さあ挽回しようとしたとき何が起こったと思う？　長く勤めているあご髭にサンダル履きのエンジニアが私の机に押し掛けてきて、私がつくったフォーマルなプロセスと堅苦しい手続きが会社の魂を壊しているって言うんだ。これがインフォーマルな組織というものだ。会社の現実についてこれっぽっちも理解していない！」

このように考えているのはこのCEOだけではありません。それにこの見解は間違ってもいません。このセミナーやそれ以外でも同様の意見があり、これについても検討しました。たぶん我々はインフォーマルの重要性を極端に強調しすぎ、その結果フォーマルを軽んじてしまったのかもしれません。

二つのひらめき、すなわち第一にインフォーマルは組織にうまく利用できること、第二にインフォーマルはそれ単体では完全なソリューションではないことから、マネジャーはフォーマルとインフォーマルの両方をうまく使う方法を確立する必要があると考えます。また最も重要なのは、この二つの最適なバランスは会社や事業内容、経営環境によって大幅に変わってくるということです。これらの理解から、フォーマルな組織構造を維持しつつインフォーマルを利用できる組織として後述する、引越会社のジェントル・ジャイアント・ムービング社、サウスウエスト航空、ニューヨーク市第一三〇公立校、オルフェウス室内管弦楽団などは、類を見ないほどしなやかで強い組織であることがわかりました。これらの組織ではパフォーマンスの改善がうまくいき、それをずっと維持することができています。

すでにお話ししたように、我々が学んだことはすべてビジネスの実際の問題についてクライアントと緊密に関わったことで得たものです。クライアントは理論ではなく、我々の考え方とアプローチが実際にどのように会社の助けとなり、業績向上に役立つのかに関心を持っています。いつの時代も我々は、フォーマルな側面だけを見て戦略を達成しようとするクライアント企業のマネジャーたちを見てきました。戦略が思うように行かなくなれば行かなくなるほど、彼らはいっそう強力にフォーマルな方向に働きかけます。そういう場合、我々はより大きな目標を達成するにはインフォーマルな組織へ働きかける必要があることを強調します。

我々はクライアントに対して通常は戦略策定の支援を行いますが、フォーマル・インフォーマルを問わず組織に関する支援も行っています。本書にはフォーマルとインフォーマルの最適なバランスについて教えてくれたクライアントとの経験が凝縮されています。とはいえ、我々がすべての答えを提供できたとは思っておらず、まだまだ試行錯誤を続ける必要があると考えています。

本書の内容と構成

組織についての本を書く人の考え方は、おおよそ次の二種類に分かれます。まずは「フォーマリスト」です。フォーマリストは組織が混乱し乱れていると考え、統制のとれた秩序体制を持ち込もうとします。もう一つは「インフォーマリスト」です。インフォーマリストは組織が秩序体制に縛られすぎていると考え、組織にはもっと「魂」が必要だと考えます。この二つのグループの違いは明確で、さまざまな名前がつけられています。「科学的管理法」学派に対して「ヒューマンリレーション」学派、マグレガーのX理論支持者に対してY理論支持者などと言われています。両方の考えについてはすでに多くの本が書かれています[2]。

ただインフォーマルな組織に焦点を当てながら、フォーマルで合理的な組織が成果を上げるコツについて実務の観点から論じた本はないように思われます。我々はインフォーマルを支持しますが、体系的な管理手法、定型的な業務プロセス、成果の定量的な計測についても同時に支持しています。

本書では、インフォーマルな組織とはどのようなものかをできるだけ明確に定義しています。また組織の業績を向上させるため、どのようにインフォーマルな組織を「解き放つ」ことができるか、そして組織のフォーマルな部分とどのように統合できるかをできるだけ詳細に説明しました。

第1部「フォーマルを強化するインフォーラム」では、組織の二つの側面であるフォーマルとインフォーマルについて、二者のバランスがどのように変動するか、そして両者をどのように統合できるかについて説明しています。

第2部「動機づけで個人のパフォーマンスを上げる」では、働く側から見た仕事の捉え方や組織の価値観が担う役割の重要性を検証し、一方できちんと成果を測ることも重要であること、特にそれがインフォーマルの潜在力を解き放つにあたって目指す目標となり支援にもなることを述べます。

第3部「組織変革を加速させる」では、二つを巧みに使い分け変革を加速する組織の「ファーストゼブラ」（スピードが速く際立つ存在で、かつ一頭が走り出すと一気に群れが同じ方向に動くという意味で、著者がシマウマ（ゼブラ）をもじって変革人材を命名した）たちを解放し、中間管理職層の「凍ったツンドラ」を溶かすことについて説明し、経営者がどのようにインフォーマルを利用して変革を行うかについて述べています。

最後に、インフォーマルな組織がビジネスの基本となる活動（戦略立案やイノベーションなど）にどう関連するか、そしてインフォーマルな組織が組織の末端から経営幹部までのさまざまな職責の人々にどう影響を与えるかを概観します。

巻末には、我々の研究方法と参考文献のほか、組織を自己評価するための診断ツールを掲載しています。

＊　＊　＊

組織を新しい方向へ導こうとするとき、リーダーはたいていフォーマルな指揮命令系統から着手します。まずゴールを設定し、成果を測定する指標を決め、計画を立て、規則を決めます。そして具体的な手続きやプログラムを設計し、最後に階層と組織構造を微調整していきます。

往々にして、このようなフォーマルな手法ではリーダーが望む即効性のある効果は得られません。その結果、計画は長期化し、思うように進まず停滞します。事実、ほとんどの変革は着手から二年以内に消滅しています。一握りの会社だけがこの障壁を乗り越えて持続可能なパフォーマンスの優位性を得ることができるのです。

またフォーマルな指揮命令系統の外からのリーダーシップが必要とされるインフォーマルな変革手法は、競合企業には見えにくく、「ベストプラクティス」として真似されやすいフォーマルな仕組みよりも強力な強みになります。

本書の目的は、リーダー、特に公式の指揮命令系統でうまく日々の管理を行っている人々に、少し距離を置いて全体像をみることで、どこでどのようにインフォーマルに働きかけると効果的でより大きなインパクトが得られるかを考えてもらうことです。それには特別な才能も人脈づくりの達人になる必要もありません。必要なのは心を広く持つことです。必要に応じて新しい働き方を柔軟に採用すること、やると決めたら目の前に集中すること、本気で結果を望み続けること、そして公式な組織の外に眠る巨大なポテンシャルを見抜くことが必要とされるのです。

第1部　フォーマルを強化するインフォーマル

インフォーマルな組織では、あらゆる効果がまるで魔法のようにあらわれます。見ていて驚くほどですが、どのようにすればそれが達成できるのかはなかなかわかりません。インフォーマルな組織は目に見えず、しばしば感情で動くつかみどころのない性格が特徴ですが、どのような組織の中にもこうした性格とフォーマルな組織の明確かつ合理的な性質が共存しています。重要なのは、インフォーマルから最大限のメリットが得られるのは、インフォーマルとフォーマルのバランスが取れている時であることを理解することです。バランスがとれる均衡点は常に揺れ動くので、うまくバランスを保つのは想像以上に難しいことです。しかし、インフォーマルとフォーマルのバランスを維持できれば、組織はその両方から大きなメリットを得ることができます。

第1部では組織行動研究の歴史をざっと振り返りながら、なぜフォーマルやインフォーマル、あるいは合理主義や人本主義が二者択一のようになってきたかを考察します。そして我々の経験とさまざまな企業の事例研究から、実際の組織の事例を見ていきます。本書の狙いはビジネスでの実践にありますが、ここではこの問題が時代や分野を超えて普遍的に見られることを示すため、ビジネス以外の二つの例、ニューヨークのオルフェウス室内管弦楽団とアフリカのある種族も紹介しています。どちらも階層がなく、リーダーシップについて一風変わったアプローチをとっており、ありきたりのビジネス事例とは少し違う視点から、会社や社内の集団力学について理解を深めることができます。

＊　＊　＊

第1章　フォーマルは論理、インフォーマルは魔法

「論理が人に与えるのは必要なものだけである……魔法は人に欲しいものを与える」と作家トム・ロビンスは言っています[1]。文学者たちは、これまで何世紀にもわたって頭脳（理）と心（情）のせめぎあい、あるいは頭でわかっている世間の理屈と、心が本当に求めることを融合させたいとする願望を題材にしてきました。対照的に、経営学の理論家たちはいずれかに焦点を当てて、過去何十年もの間、どちらがより重要かについて議論を重ねてきました。本章では「どちらか」論ではなく、フォーマルとインフォーマルの双方がもたらすメリットを理解し、それらをうまく統合する必要性を述べていきます。

理と情をめぐる論争の歴史

二〇世紀前半、経営学では合理主義的な企業経営が優位を占めていました。その始まりは、「科学的管理法の父」と称されるフレデリック・テイラーの研究です[2]。テイラーは、労働者の人選、訓練そして能力開発における科学的な考察の必要性を力説しました。また彼は、科学的手法を成功させるためには、マネジャーも労働者もそれぞれ決められた通り職務を分担することが、最適なパフォー

マンスを得る合理的な方法であるとしました。

第二次世界大戦前は多くの工場がテイラーの考えを導入し、驚異的な生産性の向上を果たしました。テイラーは自らが唱える「時間と動作研究」を導入すれば、どんな組織でも生産性が向上し、パフォーマンス向上の可能性が得られると主張しました。やがて、この科学的管理法はフォードの自動車製造ラインから家庭にまで波及しました。

その後、別の学派がテイラーの考えとはまったく異なる、より情緒的なアプローチを経営学の実践に持ち込みました。一九六〇年、ダグラス・マグレガーが *The Human Side of Enterprise*（邦訳『企業の人間的側面』産業能率大学出版部、一九七〇年）で、仕事における個人の行動について二つの理論を展開しました[3]。その一つX理論では、人は仕事が嫌いで指示を与えられることを好み、金銭的な報酬と懲罰によって動機づけされると仮定しています。この理論は合理的な経営アプローチといえます。二つ目はY理論で、人は仕事を楽しみ、責任を求め、目的、感情、達成感により動機づけされると仮定しています。

Y理論は同時代の著名な論者の著書とも考えを同じくしています。一九五四年、エイブラハム・マズローは「自己実現」を欲求段階のトップに位置づけました[4]。この欲求段階説は、人は自分自身がどのような人であると考えるのか、何をするのか、なぜするのか、誰とするのかについてわかりやすく説明しています（訳注：マズローは人間の基本的欲求を最も次元の低い生理的欲求から、安全の欲求、所属と愛の欲求、承認の欲求、自己実現の欲求と順に五つの段階があり、低次の欲求が満たされると初めて高次の欲求に移行する階層性があると主張した）。フレデリック・ハーズバーグは『ハーバード・ビジネス・レビュー』誌の論文 "One More Time: How Do You Motivate

Employees?" で、人は挑戦すること、責任のある仕事をすること、自分が達成に意義を感じる仕事をすることで情緒的に動機づけされると主張しています[5]。

合理的アプローチの支持者も感情的アプローチの支持者もこの二つの観点の統合、つまり「どちらか」ではなく「両方」からメリットを得る可能性を検討したことはありませんでした[6]。スタンフォード大学教授で*Managerial Psychology*や*Top Down*の著者でもあるハロルド・レビットは、組織行動を研究する二つの流派の支持者が一九五〇年代にお互いをどのように見ていたかについて、次のように記述しています。

「我々が大学院生であったMITでの闘争において、一つの小競り合いが起こった。我々は人文主義、Y理論で有名なマクレガーの信奉者であり、多分に自信に溢れる傲慢な学生であった。我々の小さなグループはpeople-peopleと名乗り、MITの第一ビル三階を占拠していた。「体系化好きの」敵であった頭の固い会計学、財政学、そして「経営学の原則」の奴らやテイラーの申し子のような工業エンジニアは同じビルの一階にいた。

people-peopleは時として一階の授業を受ける必要があった。非人間的な原価会計や財務管理などの体系的な馬鹿らしい授業である。これらの「敵陣への攻撃」は我々三階の人文主義の結束を固める結果となり、そうした結束が固まれば固まるほど、一階の奴らの背信行為に対する敵対心も増していった。一階の奴らには真実がわかっていない。頑固で先入観だらけで、まったく間違っている。奴らの心があるべき部分には電卓が詰まっているのだ。奴らには勤労意欲、モチベーション、参与、主体的参加といった尊ぶべき言葉が理解できない。我々は一階の奴らを「金儲け好きのネアンデルタール人」と呼んでおり、彼らは我々を「幸せかぶれの少年たち」と呼んでいた[7]」

レビットの話は極端かつ皮肉混じりですが、この争いは大袈裟なものではなく、実際にも頻繁に起こります。そしてそれは学者の間だけでなく、企業におけるさまざまなレベルのリーダーの間でも起こっているのです。結果を出し、業績を上げるために、最も必要なことにどう従業員を集中させるか、どのやり方が最適なのかについて、深刻な意見の食い違いがあります。

我々は数多くの企業で双方の支持者の議論を観察し、また参加してきました。両方の重要性を理解できる人はごくわずかでした。しかし、この「理」と「情」の論争との出会いについては、もっと昔にさかのぼらなくてはなりません。我々が経営コンサルティングの世界に足を踏み入れるずっと前に。

インフォーマルの発見

著者の一人であるカッツェンバックは、一九五四年にスタンフォード大学を経済専攻で卒業しました。つまり少なくとも「どちらの流派でトレーニングされたか」という意味では「フォーマリスト」の仲間と言えます。大学時代、彼は経済分析と合理的な意思決定の研究に没頭していました。

カッツェンバックが大学を卒業した時、アメリカはまだ朝鮮戦争の最中でしたので、彼は自ら進んで、海軍士官予備校に出願し、海軍の主計士官学校に入学しました。

カッツェンバックのような「フォーマリスト」にとって、海軍はとても魅力的でした。カッツェンバックは現在でも、海軍で物資補給を効果的に行う手順や思考法をビジネスでも踏襲しています。

最初の任務は、水陸両用船USSウェットストーンの補給・兵站担当でした。直属の上司、ジョン・サンドロック中尉は米国海軍の補給・兵站担当機関で数年の経験があり、立派な海軍士官の典型的なイメージそのものでした。長身で身なりがきちんとしており、すべてを掌握している士官でした。彼はすべてのクルーと親密になりすぎないよう一定の距離を保ち、規則やルールを一字一句文字通りに執行し、部下にもそれを要求しました。

ウェットストーンで一年を過ごした後、カッツェンバックはパール・ハーバーに停泊するUSSニコラスに異動になりました。ここでカッツェンバックはチャーリー・スチュワート大尉と一緒になります。ニコラスは太平洋上で稼働中の護衛駆逐艦で一番古かったため、老朽化が進んで状態があまりよくない船でした。

チャーリーはミスター・インフォーマルとも呼べる人物で、カッツェンバックは完全に混乱してしまいました。彼の制服は船と同じくらいくたびれてしわくちゃで、発言を聞いても規則やルールに関心がないように思われました。ただ指揮下の船員とは緊密な関係を保っており、驚くほど巧みに補給活動を展開していました。事実、チャーリーが担当した最後の年、ニコラスの補給活動は太平洋上のすべての護衛駆逐艦の中で最高の補給活動をしたとして、海軍E賞（Eは効率のefficiencyの意味）を受賞しました。

これは偶然ではありませんでした。チャーリーと乗組員たちは憧れのE賞受賞を目指して三年間努力していたのです。彼らの船ニコラスは隅から隅まで整理整頓が行き届いており、支出記録には間違いもなく、倉庫と在庫はウォルマートにも劣らないほどでした。キッチンでさえ、食事の質と迅速なサービスで知られていました。老朽化して錆びついた船の中ではこれは簡単なことではありません。

当時のカッツェンバックはインフォーマルという言葉は使いませんでしたが、チャーリーのやり方はあきらかにインフォーマルの恩恵を受けていました。もちろんフォーマルな部分についても、全乗組員が各自の仕事について一から一〇まで記憶していました。しかし、グループが際立っていたのはそのせいではなく、むしろ仕事に対するプライドや責任感、勤労意欲のためでした。船員たちは「チャーリーをがっかりさせたくない」とよく口にしていました。

補給部門は効果的かつ効率がよく、乗組員はほぼ完全に自律的に働いていたのです。チャーリーが何かを命令することはまずありませんでした。そのためカッツェンバックは、チャーリーは補給部門で一番ラッキーな人物だと思い始めていました。チャーリーが他船に異動になり、カッツェンバックがそのポストを引き継いだ時、この仕事を楽なものだと考えました。現行の規則と手続きを同じように続けていけばよいだけだと思ったからです。それが難しいとは考えもしませんでした。

もちろんカッツェンバックはチャーリーの組織のフォーマルな部分に注目し過ぎており、チャーリーが得意なインフォーマルな側面については偶然であると思い込んでいました。

「気づき」の瞬間はその後にやってきました。司令長官がパール・ハーバーに停留していたニコラスの臨検に訪れた時です。司令長官が訪れる前日、ニコラスの艦長は将校を集め、司令長官を船上に迎える際の手順について準備を行いました。しかし二人の将校が出席できませんでした。チャーリー・スチュワートは休日、ウィリアム・インスキープは別の任務中でした。

正式な歓迎手順では「刀礼」が重要であり、受け入れ側の将校は全員揃って剣をさやから抜き、持ち手部分を胸の定位置につけることが要求されます。艦長は特に「刀礼」についての打ち合わせを望んでいました。将校たちは剣の使い方も「刀礼」も、経験がなく危険が伴う可能性があったのです。

不運なことに打ち合わせに出席できなかった二人の将校、スチュワートとインスキープが司令長官の訪問日に「デッキ上の将校」となりました。これは司令長官が入船する際に司令長官の最も近くに配置され、「刀礼」を始める将校のことです。

司令長官訪問の日がやってきました。スチュワートとインスキープは位置につきました。司令長官が乗船してきます。インスキープは不器用にさやから剣を引き抜き、所定の位置に掲げました。一方、チャーリー・スチュワートの方はすばやく敬礼を行いました。インスキープは剣をまだ動かしている最中に、チャーリーが刀礼をしていないのは一体どうしてなのかと不思議そうにそちらを見た瞬間、集中が途切れ、剣の先が司令長官の帽子のつばを突いてしまったのです。長官の頭から帽子が飛び、はるか下の海へと落ちていくのを全員が驚きとともに眺めていました。

実は、チャーリーのインフォーマルな組織がこの日の彼を助けていました。艦長は事前の打ち合わせで、「刀礼」は難しく危険なので、普通の敬礼をするよう将校たちに指示していました。チャーリーが休日から帰るとすぐに部下がこの変更を伝え、チャーリーはそれに備えていたのです。インスキープは部下とそのような緊密な関係ができておらず、変更に関する連絡を受けませんでした。「それは自分の仕事ではない」という態度がインスキープの部下の間には蔓延していたのです。

司令長官の帽子が静かに海に沈んでいく様子は、カッツェンバックにとってフォーマルが機能しないときはインフォーマルが自然に働くという説得力のある教訓となりました。

カッツェンバックがインフォーマルの重要性を軍隊の経験で学んだことは興味深い話です。軍隊は階層、形式、規則、統制がほかの何よりも重んじられる組織です。それにもかかわらず、海軍では（彼の後の研究によるとその他の軍においても）かなりの部分で信頼、勇気、恐れ、忠誠などの情緒が働いており、インフォーマルな部分なしでは厳格なフォーマル構造が機能しないことを彼は理解しました。

見落とされた感情の影響力

カッツェンバックがビシッとした制服と歩くルールブックのようなサンドロック中尉に感情的な献身が任務遂行に必要であるか、また乗組員の感情が任務遂行に重要かどうかを質問したら、中尉は「必要だ。しかし定められたプロセスとその実行ほどの重要性はない」と答えていたでしょう。今日、マネジャーや経営幹部に同様の質問をしたら、特に大企業の場合、サンドロックとほぼ同じ答えが返ってくるでしょう。

フォーマリストは世界を「合理性」のレンズを通して見ており、論理、分析、データ、枠組みを大事にします。フォーマリストは正式なプロセスとプログラム（通常、企業の限られた重役たちが立案し強制するもの）を通して経営を行います。フォーマルな要素は、企業内で手順書や通知の形で表され、統制と報酬制度を通して実行されます。「フォーマリスト」のマネジャーが感情的な要素の重要性を認めるとしても、それは合理的で正しい手法の副産物であり、従業員は結局のところ優れた計画の論理性を理解するからこそ、心地よく働けると考える傾向が強いのです。

このような仕組みは感情を考慮に入れていません。だからといって従業員がそうした仕組みに感情的に反応しないとは限りません。むしろ事実としてはおおいに反応する上、その反応は否定的な反発である場合が多いのです。結果として、従業員は計画立案者から見て合理的と考えられる態度と反対の態度を取るのです。どうして社員は参加しないのか、彼らは通知を見たのだろうかと経営幹部がつぶやくのを我々は何度も耳にしてきました。

しかし、合理的に理解しやすいことが必ずしも感情に働きかけて望ましい行動を生むとは限りません。そのため感情的な要素が考慮されない場合、組織は想定したゴールを達成できないのです。

根本的な問題は、「フォーマリスト」のマネジャーが感情が持つ変革に必要な力の大切さを理解していないことです。人間の行動が感情で左右される度合いを甘く見ているのです。また彼らは感情の影響力をうまくコントロールすることは不可能でないにしろ難しいと考えています。

合理的な組織構造やロジカルな計画の重要性が低いというわけではありません。しかし、多くの経験や長年の研究結果から、感情は論理や合理性と同じように人の態度や行動に影響を与え、しかもたいていそのインパクトはより大きいと我々は考えています。

フォーマルの論理

マネジャーはなぜ合理的アプローチやトップダウンでの実行を好むのでしょう。それはフォーマルな組織は仕組みが明確であり、形に落として評価ができるからです。その仕組みを以下に挙げます。

- **戦略**　資源の最適配分と組織能力の活用に向けて組織全体を導く、優先順位・実行計画・成果目標。
- **組織構造**　誰が誰に何を報告するか定めたハコと線。戦略達成に必要な意思決定を簡単にする。

・**プロセスと手続き**　日常業務を効率よく行うための情報と業務の流れを定めた文書化された基本的ルール。
・**プロジェクト**　決められた時間内に目的を達成するための目標、作業日程、作業の決まりごとと専任のチーム。
・**成果目標と測定指標**　数字ではっきり定められた目標と、グループや個人の達成度を計る採点表。

これらのほとんどが組織の正式な書類として整備されます。事実、文書化された形でフォーマルな仕組みを捉えることはきわめて重要です。文書化により仕組みは固定されたものとなり、承認や後日の参考に役立ちます。また一つのまったく同じ内容とやり方を何人にでも何度でも共有することができます。こうしたことからフォーマルな組織形態が一般的になったのです。

会議や話合い、人とのつながりやその時々の行動といった、形に残しにくいものとは異なり、フォーマルな書類は正確かつ永続性があります。フォーマルな書類は正式かつ合理的な問題解決の結果を記録するものです。フォーマルな書類には権威があり、重要なものと思われています。組織図、職務規程、業績表などは、意見が対立する時や行き詰った時に絶対的な役割を果たします。

これらはすべて賢明で正しいことといえます。フォーマルはビジネス組織を動かす基本中の基本なのです。フォーマルな仕組みは長年にわたって実証済みの雛型をリーダーに提供し、世代から世代へと引き継いでいけるものです。フォーマルな組織は生産性を高め、権限を明確にし、優先順位を伝え、共通の目標へ向けた行動が行いやすいよう合理的な調整を行います。あらゆる会社でこのような論理的なものが必要で、ほとんどのリーダーが主にフォーマルな指揮命令系統に依存して経営管理を行うのも、もっともなことです。

合理性には限界がある

「フォーマリスト」のリーダーが組織に変革をもたらそうとする時、フォーマルな組織に過度に頼っては目的を達成できないおそれがあります。特に何かを急に変革しなければならないとき、リーダーは決まって合理性を強調し、なぜ新しいプランが必要なのかを事細かに説明します。競合が何をしているかを伝え、顧客分析について語り、財務予測を詳細に述べ、会社の目標、管理指標などについて延々と説明するのです。リーダーのこうした行動は、組織全体がその行動の必要性を論理的に理解すれば、全員が期待通り動くとの仮定に基づいています。合理的にきちんと説明すれば問題は起こらないはずと考えているのです。

しかし、問題は頻繁に発生します。従業員の行動を変えるよう動機づけするためには、組織が求める努力が個人の目標にとっても意味があると信じてもらう必要があります。そのためリーダーはビジョン・組織目標・戦略を、個人の目標・達成感・選択肢といった、個人が自分のこととして理解でき、遂行したくなるものと結びつけなくてはなりません。

感情面で強力な後押しがないと、人の行動は変わりません。そのためフォーマルな方法では成果を引き出すのは難しいのです。フォーマルな方法は合理性で束縛されており、感情的要素が入る余地がありません。感情的要素は合理的な議論やフォーマルな組織とは別のものなのです。

合理的な理解を得ようとする努力が実を結ぶためには、感情的な反応が論理的説得と同じくらいの影響を個人の選択や行動に及ぼすことを考慮しなければなりません。感情が論理より後回しになることは滅多にありません。

それゆえインフォーマルが重要になるのです。

インフォーマルの魔法

「インフォーマル」はフォーマルほど簡単に定義できません。フォーマルのように構造や境界がはっきりしていないためです。インフォーマルの要素は往々にして重複しており、フォーマルのように「モレなくダブリなく整理する」といった分析屋が大好きな原則は通用しません。インフォーマルは感情を通して行動に影響を及ぼすさまざまな要素の集まりなのです。

フォーマルな要素とは違い、組織におけるインフォーマルな要素はめったに文書化されることはありませんが、名前を挙げることはできます。それらは、以下のようなものです。

- **共通の価値観**　人やグループの行動・意思決定に現れる共通の考えや基準。正式に文書化された建前の価値観とは異なることが多い。たとえば、組織によっては、大っぴらな論争を避け秘密裏に解決するという暗黙のルールが存在する場合もある。
- **インフォーマルなネットワーク**　知識の共有、信頼、情熱などにもとづく人と人との前向きな結びつきのこと。知識のある人、他人から見識を求められる人はしばしば扇の要のように、インフォーマルなネットワークの維持形成に重要な役割を果たす。ネットワークを思い浮かべる際、直属の上司以外で誰にキャリア上の助言、社内政治に関する知恵、特別な専門技術について相談するかを考えてみるといい。

・**コミュニティ**　部署を問わず同じ目的のもとに集い、同じ習慣や個性を持つ人たちのグループ。共通の個性でくくられる、密度の濃い、所属組織を超えた関係といえる。例として、屋外の喫煙エリアに集まって会話する喫煙者のコミュニティや、インフォーマルな勉強会といった少人数グループがこれにあたる。

・**プライド**　人は自分の力で意味のある目標を達成したとき誇りに思う。目標は人によって異なる。CEOは買収案件の締結に誇りを覚えるかもしれない。サービス担当者は重要顧客のクレーム解決に誇りを覚えるかもしれない。プライドをくすぐられることは、行動を引き起こす強力な動機づけとなる。家族など、職場を離れて本人が大切に思う人が功績を認めてくれるとき、プライドの価値が何倍にも深まる。

インフォーマルな要素が文書化されていないことは、うまく活用できます。たとえば、新しいことを始める場合、規則が決まっていないほうがやりやすいからです。ネットワークやコミュニティはインフォーマルな組織のメンバーが共鳴しゆり動かすことでどんどん成長します。その方が上司から正式に依頼されるより早く成長するのです。セールス担当者は公式の業績や月次の数字より、顧客から自然なほめ言葉をもらうほうがより直接的で大きな誇りを感じるのです。

時々、「インフォーマルな組織」と「社内文化」に違いがあるのかと聞かれることがあります。この二つには共通部分があるため同じように思われますが、大きな違いがあります。我々の手元にある辞書に、「文化」の定義が書かれています。それによると「文化」とは、会社や企業（で働く人々の行動）を特徴づける、共通の意見、価値観、ゴール、習慣とあります。こうした一般的な定義では、人間の行動を「文化」の中心として考えています。そして人間の行動の中に、合理的な側面（フォーマル）と感情的な側面（インフォーマル）が両方含まれています。つまり、文化とは「合理的であれ感情的であれ、そこで物事がどのように行われるか」という行動の特徴を意味しているのです。

一方でインフォーマルな組織は、行動を生む背後にある仕組みと説明するとわかりやすいものです。たとえば、チャーリー・スチュワートの部下は状況の変化を常に報告するためのインフォーマルな仕組みを持っており、それが提督訪問の際のとっさの変更を可能にしたのです。この仕組みは、スチュワートと部下がお互いに感じていた信頼の結果として、長い時間を経て生まれたものです。

信頼のような心の機微を命令によって変更させ、それによって文化を変えることはほぼ不可能です。たとえば、インスキープの部下にお互いもっと配慮を持つよう命令してもそうはいきません。これはなにを意味するのでしょう。そしてどのようにすれば文化を変えることができるのでしょうか。インスキープがスチュワートのように気を配り、部下との間に情緒的な信頼を築いていたら、部下は「刀礼」に関する変更を彼に知らせたはずです。

フォーマルな組織のプログラム変更でも文化を変えることはできます。ただし、それでは変化のスピードが遅く、「プログラム通り動け」という指示に対する否定的な反応や抵抗という副作用を伴うことも少なくありません。

フォーマルとは違い、インフォーマルの考え方は戦略的ではないし、論理的でも効率的でもなく、強制することもできません。またそのような感覚で管理できるものでもありません。インフォーマルの考え方は直感的かつ個人的なものであり、直接的に人々に影響を与えるものです。特に人々を仕事の枠を超えて自分のつながりを広げるように動機づけするのに優れており、人と人との連絡を迅速かつ効果的にし、協力体制を強化して行動の変化を加速させます。ライン管理体制の外に存在するものは、内側のものほど明瞭には定義できないのです。

OQ：組織の知能指数

スペインのカハ・ナバーラ銀行（CAN）は「地域バンキング」（Civic banking）と呼ばれる利益と社会責任を結びつけた新しいビジネスモデルのパイオニアです。インフォーマルはこの銀行のCEOがスペインの地銀の典型的な階層組織に変革を起こすのに重要な役割を果たしました。たとえば、同行は銀行業務の経験がない人を雇い入れ、顧客対応の能力に銀行業務に必要なスキルと同等の重要性を置きました。この銀行は従業員に対して、自分の役割を正式な職責以上に広く考えることを奨励しています。顧客と地域社会に焦点を当てることで、組織内のインフォーマルなネットワークと地域社会の人々とのネットワークが形成され、その結果、同行は地域社会に意味のあるよい影響を与え、同時に健全な利益も確保したのです。

カハ・ナバーラ銀行はインフォーマルな組織を通じて組織変革に成功しましたが、これはフォーマルなプロセスや手続きを放棄したという意味ではありません。フォーマルな組織構成なしに運営できる銀行などどこにも存在しません。

実際どのような組織においても、有能な従業員は例外なくフォーマルとインフォーマルの両方の重要性を認識しています。転職や異動した人の場合、うまくやる上で一番よい方法は仕事の方法に関するフォーマル部分を学ぶより、インフォーマル部分で組織が実際どのように動いているかを知ることだとわかっているはずです。カハ・ナバーラ銀行やグーグル、サウスウエスト航空などの企業では、このようなインフォーマルを理解する直感的な能力を採用の条件としています。

フォーマルとインフォーマルの特徴は、従来知能の基準とされている知能指数（ＩＱ）と心の知能指数（ＥＱ）の違いに似ています。ＩＱは人の合理的なスキルと知性を言語や数値に関する幅広いテストで計るものです。学校で、ＩＱの高い生徒は概して成績が良く、一流の学校へと進学し、「机上の頭のよさ」が必要とされるキャリアへと進みます。フォーマルな組織での戦略立案、プロセス分析、組織設計、成果指標を統合した管理ツールの作成といったほとんどの仕事にはＩＱが関係します。

しかし長い間、ＩＱが知性の全側面を計るわけではないと言われ続けてきました。特にここ十年、経営学においてＥＱが認められ始めています。これはダニエル・ゴールマンが著した*Emotional Intelligence*（邦訳『ＥＱ　こころの知能指数』講談社、一九九六年）の影響によるものです[8]。実は、このコンセプトの起源はチャールズ・ダーウィンの「生存するための感情表現の重要性」までさかのぼります。ダーウィンは、社交性の潤滑油となる他者との共感が、霊長類の進化において強みになっていると気づきました。一九二〇年、コロンビア大学教授のエドワード・ソーンダイクは「社会的知性」という言葉を用いて、人には他人を理解し、他人とうまくやる能力が存在すると示しました[9]。ゴールマンの本は、アメリカはもとより全世界に大きなインパクトを与えました。ゴールマンは自らのコンセプトの範囲を職場へと広げ、*Working with Emotional Intelligence*（邦訳『ビジネスEQ——感情コンピテンスを仕事に生かす』東洋経済新報社、二〇〇〇年）を著し、その中で「仕事のルールは変わりつつある。我々は新たな尺度で評価されるようになってきている。どれだけ賢いかやどのようなトレーニングを受けたか、あるいはどのような専門性があるかはもとより、どれだけ他人とうまくやれるかでも評価されている」と書いています[10]。

IQは戦略や組織構成、成果管理に必要であり、EQは価値観の醸成や人間関係の形成、人々を仕事に感情的に没頭させるために必要なものです。マネジャー、そしてあらゆる従業員がIQを利用すべき場合とEQを利用すべきタイミングを知ることで、驚異的なパフォーマンスを達成することができるのです。これができる人は我々がいうところの「組織の知能指数（Organizational Quotient、以下OQ）」が高いといえるのです。この二つのバランスを取れる能力が、最高のマネジャーと、「フォーマリスト」あるいは数字と分析の虫（IQへの依存過多）や「インフォーマリスト」あるいはコネと寝技の天才（EQへの依存過多）を区別しているのです。

理と情を使い分ける

フォーマルは繰り返し可能な決められた作業を効率よくバラツキなく行う仕事に向いています。決まった範囲で繰り返しが要求されることから、フォーマルな組織では基盤となる仕組みの開発が必要とされるのです。その内容が文書化され、継続的な改良により効率が向上し、バラツキがなくなるのです。給与の給付業務はこの好例です。

反対にインフォーマルは予測できないものに最適です。フォーマルな組織の外で起こることは想定外であり、そのたびに見つけ出して解決する必要があります。想定外の問題に立ち向かう立場の人にとって、現行の報酬体系以外の方法での動機づけや、ライン組織を越えた協力、フォーマルな戦略に頼らない意思決定の必要性が日増しに高まっています。インフォーマルな組織の行動はいつの間にか繰り返し発生することが多く、これはフォーマルな組織全体に見直しが必要になっている証拠です。

その他の違いとして、フォーマルな組織は概して「ベストプラクティス」という信条に縛られていることが挙げられます。フォーマル組織は、さまざまな役割・部門レベルでのパフォーマンス改善に向け、飽くことなく最適解を追求します。その理論は単純で、「実証済みのベストプラクティスを発見して適用できれば、業界トップレベルのパフォーマンスが可能となる」というものです。しかし、優れたリーダーがフォーマルなベストプラクティスだけで満足することはほとんどありません。ベストプラクティスをさらに超えるためには、洞察力、リスクを取ること、組織として試行錯誤を繰り返してより上を目指す対応能力が要求されます。これにはインフォーマルを理解し、活用することが必要です。多くの場合、これが「ベストパフォーマンス」と「ベストプラクティス」を分ける秘訣なのです。

図表　フォーマルとインフォーマルの特徴

フォーマルの特徴	インフォーマルの特徴
効率	適応
拡張可能	局所的
予測可能	革新性
管理的	モチベーション喚起
明瞭	不明瞭
規律的	自発的
階層的	協力的
合理性	感情

第2章　バランスが変わるとき

「君たちのお客様である、日曜大工をする人たちについて考えてみよう」

米国の大手ホームセンターであるホーム・デポの研修で、創業者バーニー・マーカスは研修生にこのように言いました。バーニーは顧客が遠くからわざわざ車で来店して、ナットを探して歩いた末、それが品切れだったとしたら、「君たちは顧客を欺いたことになる」と告げたのです[1]。

バーニー・マーカスとアーサー・ブランクはホーム・デポを設立した時、顧客に尽くしたいと強く願いました。この考え方は二人が以前の職場で上司にそれに反することを強制されていたことへの強い反発からきています。バーニーとアーサーは、アメリカのホームセンターの草分けであるハンディ・ダンズのマネジャーでした。

その経験を踏まえ、ホーム・デポは人間的要素をはっきりと重視した企業としてスタートしました。「バーニーと私は特別なビジョンのもとにホーム・デポを設立した」アーサー・ブランクはこう書いています。「それは、我々にとって大事な価値観を実践し続ける企業であり、この価値観とは、人を大切と思う心、優れた顧客サービス、地域社会に貢献することである。そして最も重要なのは、価値観は実行しないと意味をなさないということだ」

とりわけバーニー・マーカスはインフォーマルという言葉では説明しなかったものの、組織のインフォーマルな要素を利用する名人でした。ホーム・デポでは、従業員が協力して仕事にあたること、互いに個人的な関係を築くこと、信頼と尊敬を分かち合うネットワークに参加することが奨励されました。厳しいトレーニングと創立者自身が例を示すことで、従業員がお互いを企業の歯車としてではなく個人的に知り、また顧客についても売上対象としてではなく人間として知ることが推奨されていました。

　従業員が顧客と個人的な関係を築くにはホーム用品についてきめ細やかに理解する必要があるという考えから、ホーム・デポは厳しいトレーニングによって全員が会社の仕事についてすみからすみまですべて知ることを要求しています。かつてホーム・デポの経営幹部であったヘンリーは、ホーム・デポでの最初の三週間を次のように話しています。「私が役員用の執務室にいることはなく、店から店へと移動しながら、各店舗でみんなと同じようにオレンジのエプロンをつけて先頭に立って働いていました」

　ヘンリーはカリフォルニアの店舗で働いていた時、店の上司から次のようなことを言われました。

「PB24の使い方を知っているかい」

「いいえ、知りません」ヘンリーは答えました。

「ぜひ教わりたいです」

「いいだろう。こちらに来てくれ」と上司は言いました。

　上司の後についてキッチン部門へ行くと掃除器具の棚の前に立ちました。上司はディスプレーされていた長い柄をしたほうきをヘンリーに手渡しました。

「これがPush Broom24だ」上司はにっこりと笑って言いました。

「ここで試してみな」

採用されたばかりであったバイスプレジデントのヘンリーは、そこで一時間ＰＢ24という商品の特徴と利点を学びました。これ以外に他の店舗でも同様の経験をしたことで、ヘンリーはホーム・デポという会社の従業員に求められる厳しい現場の努力を深く学びました。

ホーム・デポの従業員はそのオレンジのエプロンと商品知識にプライドを持っており、ホーム・デポのやり方は皮肉まじりのユーモアをこめて「チーム・オレンジ」として広く知られるようになりました。従業員は自分たちの業務を「仕事」とは捉えず、天職と考えていました。我々がアトランタのホーム・デポでインタビューした従業員は、「主人には言わないでね。でも週末に家で退屈な仕事を押しつける夫の顔を見ているよりここにきて働いているほうがいいわ。仕事やここの従業員、それにお客さんもみんな好きなの」と話していました。

だからといって、ホーム・デポにフォーマルなプロセスや手続きがないわけではありません。事実、アーサー・ブランクは生粋の「フォーマリスト」です。会計士の教育を受けた彼は、スプレッドシートやチャート好きの性格と価格や細かい人件費についての議論が得意なことで知られています。社員研修で、「大工経験六年の人を時給十ドルで一人雇うのと、家で一度だけ木枠を作ったことがある人を時給五ドルで二人を雇うのはどちらがホーム・デポの材木部門にとって有益であるか」といった質問を楽しむ人物です。答えは、「店舗と顧客が何を求めているかにより異なる」です。言い換えると、ホーム・デポのフォーマルな仕組みはあくまでインフォーマルな組織がうまく働くためにあるのです。素晴らしいサービスと献身的な従業員に加え、豊富な品揃え、低価格、便利な立地により、バーニーとアーサーのホーム・デポは建材小売店チェーンの中で史上最高の成功企業となりました。

フォーマル主義者の組織

長年にわたってホーム・デポは、その価値観、従業員、慣習、行動、数々の逸話によるインフォーマルな組織のおかげで成長と繁栄を続けました。

しかし会社が成長するにつれ、組織は複雑になり多様性を増していきました。比較的自由だったチーム・オレンジの業務にも、今までよりも多くの組織構造や業務手順、一貫したプログラムが必要になっていきました。バーニー・マーカスが直接関与する立場から引退し、アーサー・ブランクがその後を引き継ぎました。それからはインフォーマルからフォーマルにうまくシフトし、ホーム・デポの成長が続いたと思うかもしれません。しかし、実は利益と市場シェアは下り坂になりました。いつまでも続くように見えた偉大なアメリカの小売企業の成長が突然行き詰まり出したのです。

当然、ホーム・デポの役員会は会社の行く末を案じ始めました。役員会はこれまで以上に明確な戦略と規律ある経営体制、そして何よりも新しいCEOが必要であると考え、ゼネラルエレクトリック（GE）の経営幹部だったロバート・ナルデリを迎え入れました。GEの幹部は精緻な戦略、組織の統制、分析思考で有名であり、彼はまさにホーム・デポが必要としていた人材でした。

定石どおり、ナルデリは直ちにコスト削減を行い、効率改善を進めていきました。たとえば、在庫はホーム・デポのような大型小売業では大きな問題です。ナルデリは以前製造業で働いていたことから、在庫管理の重要性は小売業と同様に熟知していました。ナルデリはまず、適正な在庫管理に集中しました。製造業のときは定期的に大量注文を行う企業を顧客としていたことから、注文は予想可能であり、在庫管理には合理性がありました。

しかし、小売業の顧客は製造業よりはるかに予測が難しく、感情的に行動します。マーカスがナットの例え話で訓示したように、顧客は品切れを嫌うのです。顧客が必要とする商品を何度も切らしていると悲劇的な結果につながります。ホーム・デポに在庫がなければ、競合店であるロウズやコストコ、または街の金物屋で顧客は購入するのです。

ホーム・デポの創業者たちが持っていた強みの一つに、需要と供給に関する直感がありました。何年にもわたる業界経験をもとに、さまざまな商品の在庫が時期ごとにどのくらい必要かを判断することに非常に長けており、それに従って商品を発注していたのです。

先に登場した経営幹部のヘンリーは、建材用品ビジネスがどれほど予想のつかないものであるか、またそのことが在庫に与える影響について説明しています。たとえば、ある電気技師が店に四〇セットの蛍光灯を買いに来ます。この電気技師は在庫確認のために電話することや事前注文は決してしません。今、担当している仕事に必要な照明器具を買おうと突然やってくるのです。従業員はこの電気技師と彼の習慣を知っていて、たいてい、この電気技師の求めに応じることができていました。

このような時おり発生する要望を、ナルデリが導入しようとしているフォーマルな在庫管理システムに組み込むのは非常に難しいことでした。店のマネジャーは電気技師の要望をわかっていても、過去の売上をもとに在庫が決定される在庫管理システムに拘束されていました。

電気技師が来店し、過去何十回と歩いた棚の間を歩いた後、一〇セットしかないことに気づく日が当然やって来ました。一度目の時、電気技師はそのことをマネジャーに抗議しました。二度目は車で他の建材店へ向かいました。三度目にこの電気技師が店を訪れることはありませんでした。

確かに在庫管理システムは経済的には意味があり、まったくもって論理的なものでした。ただ働く人たちの地域の人々と社会に貢献しているというプライドや、失われた売上、がっかりして帰っていった顧客の数は検討されていませんでした。

ナルデリは間違いなく自らのコスト削減と効率改善の施策が、極端にインフォーマルな組織にフォーマルなバックボーンを与えると考えていたはずです。しかし、ナルデリが持ち込んだ変革はバランスを与えたのではなくむしろバランスを崩したのです。ヘンリーが認めているように、効率と効果のトレードオフが発生し、効率が効果に先行したのです。「この二つが逆転したとき簡単に歯車が外れてしまったのです」とヘンリーは言っています。ホームセンターブームで競合の株価が急上昇する中、ナルデリの在職中、会社の株は低調でした。

ナルデリがコストの削減と効率性の改善を求めたのは悪いことではありません。チーム・オレンジのインフォーマルなやり方が非効率の原因であると見なしたのも間違いではありません。問題は改善策を支援するインフォーマルな組織を結集する努力を怠ったことです。もちろん従業員は会社にもっと優れたシステムと厳格さが必要だとわかっていたはずです。もしナルデリが新たな試みにインフォーマルの結集を求めていたとしたら、従業員の支援で難局を打開できた可能性は大きいでしょう。

絡み合うフォーマルとインフォーマル

前章ではフォーマルかインフォーマルに二極化した経営理論家について説明しましたが、全員がどちらか片方に傾倒しているわけではありません。

たとえば、チェスター・バーナードはビジネスにおける合理的な部分と感情的な部分の相互作用についての論考で他の理論家を卓越しており、その知恵と業績は二〇世紀前半の同世代のものよりもかなり進んでいました。バーナードはMITの「幸せかぶれの少年たち」より一〇年前に、組織は合理的かつ感情的であると説明しただけでなく、インフォーマルとフォーマルの用語を定義していました。このように定義したビジネス思想家は、彼が最初の一人でした。これまでに述べた他の思想家と違い、バーナードはキャリアのほとんどをビジネスマンとして過ごしました。AT&Tで四〇年間働いた後、最後はニュージャージー・ベル電話会社のトップを務めました。一九三八年、バーナードは*The functions of the Executive*（邦訳『経営者の役割』ダイヤモンド社、一九六八年）を発表し、その中でフォーマルな組織とインフォーマルな組織の概念を定義しました。

「誰かに何かをさせようと説得するとき、それを行うかどうかは行う側が決める立場にあるのが自然な状態だ……一方でルールや規則、法律ができると――多くの場合、故意にたくさんつくるのだが――人は自分が決めるのでなく自分の裁量外の力によって管理されることになる」[2]

バーナードの理論では、インフォーマルなメカニズム（説得）が選択を強制する一方、フォーマルなメカニズム（ルール）は選択の余地を奪うとしています。たとえば、二五ドルを超える経費に対して領収書の提出をルール化すると、提出しないという選択肢を奪うことになります。「お金を賢く使いましょう」という価値観は支出の上限などについて考える（選択する）必要性を生みます。簡単にいうとバーナードは、選択を必要とするインフォーマルと選択を制限するフォーマルなルールは関連していると考えたのです。本書では「バランス」という言葉を使ってこの関連性を学んでいきますが、インフォーマルとフォーマルが等分に存在するという意味ではありません。ここでいうバランスとは、人はその時々にフォーマル・インフォーマルそれぞれからどのような成果が得られるかに応じて、両者の使い方を調整するという意味です。

たとえば、ホーム・デポの例は、最高の成果を得るにはフォーマルとインフォーマルの両方を同時に使い分けることが必要であったことを表しています。

一般にフォーマルな組織は、将来がわかっている状況や熟練が必要な業務、明確に定義された関係、標準化された業務の処理に最良といえます。この種の業務は自動化ができるものであり、実際、長年自動化されてきました。感情や人間関係、個人の能力はあまり関係ないのです。フォーマルな組織は機械のように改良を加えていくことで、効率性と一貫性を高めることができます。

インフォーマルな組織の強みは日常の定型業務には現れませんが、不測の事態や未知の状況、組織を越えた取組み、要件が不明瞭な場合や変革が必要な場合に力を発揮します。ほとんどの企業では予測できる業務と予測できない業務が混在しています。そのためにもフォーマルの論理とインフォーマルの力を状況に応じてバランスよく使う必要があるのです。

スターバックスは、初期段階でこのバランスをうまく利用しています。同社の会長兼社長兼CEOのハワード・シュルツは、インフォーマルな組織づくりとその奨励で素晴らしい成果を残していますが、フォーマルな要素が果たす重要な役割もよく認識しています。『ファスト・カンパニー』誌の記事には「決まったプロセスだけでも、クリエイティブな精神だけでも、成長はできない。経営者はこの二つの側面の微妙なバランスをとることが必要である」という彼のコメントが掲載されています[3]。

スターバックスのフォーマルとインフォーマルのバランスの徹底ぶりは、バリスタやパートナーと呼ばれる店舗従業員へのトレーニング法に現れています。パートナーの正しい意思決定を助けるガイドはありますが、決められたセリフや絶対のルールはありません。スターバックスでは意思決定を上に委ねるのではなく、常に現場近くでほぼすべてを即決できるようパートナーの自信を築くことに注力しています。

このフォーマルとインフォーマルのバランスが、初期のスターバックスにおいて目標であった「パフォーマンスの充分な一貫性を維持すること」を成功させました。たとえば、人気商品のハーフカフ（カフェイン半分）・バニララテ・グランデは、コンコードでもチャールストンでもニューヨークでも同じ味です。現場の裁量はあるものの、コーヒーのつくり方では厳然たる基準があるこのバランスこそが、従業員がロボット的な対応にならないことにもつながっています。

我々がすべての組織でバランスが重要だと説くとき、単にビジネスだけを意味しているのではありません。その補足に、いくつかできるだけビジネスとかけ離れた例をみてみましょう。一見別の世界の話ですが、これらもインフォーマルとフォーマルの関係の普遍性を現しています。

アフリカのクン族の組織

アフリカ南部に住むクン族（サン族の一部族）は、フォーマルとインフォーマルを興味深いバランスで発展させました（英語では!Kungと表記される。彼らの言語には吸着音あるいはクリック音と呼ばれる、子音の前に舌打ちするように発音される音があり、「!」の文字で表現される。我々はクン族を直接研究調査したわけではなく、あくまで資料からの知識である）。

クン族はナミビアとボツワナの狩猟採取民族です。定住地を持たず、常に食べ物を求めて平原を旅しています。当然、所有している物はほとんどありません。

クン族にはフォーマルな組織と同様のものが存在しています。最も安定した社会単位は家族であり、夫と妻（複数の場合もある）、子どもで構成されています。集団は一緒に生活する二〇人程度の親戚からなり、決められた仕事を継続して行います。仕事には当面の住居を建てること、食事の支度、衣服や道具の製作、やりの手入れ、毒矢に必要な材料の補充、火を絶やさないこと、子どもの面倒を見ることなどがあります。集団はあまり固定的ではなく、時おり個々の家族構成が変わるのに応じてくっついたり離れたりしますが、新たに構成された集団は以前と同じように仕事を分担します。

クン族のフォーマルな組織構成は、一貫性のある定期的な仕事を効率よく行うようにできています。しかし、彼らはとても不安定な環境に暮らしています。いつ獲物や植物が見つかるかもわからないのです。天候は変わりやすく、事故や病気もあり、水資源についても保証はありません。

このような状況に対処するため、クン族はインフォーマルな組織を利用しています。狩猟・採取といった予測ができない仕事には、追いかける獲物や地形にあったスキルを持つ六〜一〇人くらいのランダムなチームで仕事にあたります。さまざまな植物の特性や解毒に関する知識を持つ者がいれば、鳥を殺す技やキリンを捕まえる技を持つ者もいます。女性は一般的に小型の哺乳類を追いかけ、男性はヌーを追いかけます。

さらにひどい状況になり、資源がほとんどなくなった時やメンバーが病気になったり死亡した場合は、フォーマルな構造を越えて他の集団やグループと協力関係を築きます。迅速にインフォーマルなネットワークをつくり、資源を分けたり共同で蓄えたりするのです。状況が悪化すればするほど、クン族はより多様なネットワークを利用して新しいグループをつくっていきます。

このバランスを維持するのは全員の仕事です。そして求められる仕事は常に変わっていきます。予測できるものから予測できないものまで幅広い仕事をうまくこなすには、状況に応じてフォーマルとインフォーマルの両方を活かせればより簡単になるのです。

変化し続けるバランスポイント

フォーマルとインフォーマルのバランスは、企業のライフサイクルが経過することで変化します。成長が著しい時や成熟して成長率が著しく低下している時にはバランスが崩れる傾向があります。

一〇人から五〇人程度の若い会社は、以下の四つの理由から元来インフォーマルなものです。第一に会社の置かれている状況が概ね予測できない不安定なものであること、第二に社内の人間同士がお互いを個人的に知っていること、第三に会社が予測できない要求に応えるため常に変化していること、第四にリーダーの直接介入や共同でのすばやい意思決定・問題解決が行われるため、一人ひとりの個性をお互いがわかっていることがその理由です。

このような会社の場合、生産性の高い人間関係は長時間の仕事、空間の共有、挫折感の共有などを通じてゆっくりと形成されます。そのような人間関係はお互いへの思いやりや共通の興味、強い目的意識とその達成のために一緒に働くことのプライドを反映しています。これは新興企業では自然に存在するモチベーションです。フォーマルと名のつく面倒なものは必要ありません。

しかし企業が成長すると、はっきりとしたチーム分けや明瞭な組織、反復可能な業務フローの必要性が増してきます。技術系のベンチャー企業を例に挙げると、一般に営業部門を設立するとそれまでの技術や文化にショックを与えます。営業部門は最新のテクノロジーより、どうやって顧客のニーズを満たすかに興味があるからです。小規模な企業では営業マンが技術スタッフに比べて入れ替わりやすいため、営業マンの雇用を維持しモチベーションを保つためには魅力的な報酬が重要となります。同様に、企業規模が大きくなり小さな試作プログラムの製作から量産体制に移行すると、品質管理指標の重要性が増してきます。企業が成長すると、誰が実行責任者なのか、誰に決定権があるのか、誰がリソースを管理するのかを明確にする必要が出てきます。業務フローが複雑になるにつれ、繰り返し行われる仕事では方向性や効率性を示したわかりやすいプロセスの必要性が高まります。複雑さが増すにつれ、厳しいリーダーは個々の責任や現在の成果についてよりはっきり目に見えるよう求めるようになります。

フォーマルな要素（報酬体系、業務管理、責任分担、効率的な業務フロー）の必要性は突然大きくなる場合もあれば、徐々に大きくなる場合もあります。一般に従業員数が千人を超えると、しっかりと調整されたフォーマルな組織が必要になります。その段階で明確な組織構造やルールがないと、大きなグループの行動を一つの方向に向けて維持するのが難しくなります。フォーマルな組織の欠落は混乱やフラストレーション、無駄を生んでしまうでしょう。

企業がさらに成長すると、経営スキルの専門家たるマネジャーがフォーマルな仕組みの活用によってどんどん成果を上げるようになります。より強固な戦略計画や企業全体で整備されたプロセス、一貫性のある成果測定ツールが、企業が規模のメリットを得るのに役立つようになります。効率向上に向けた計画をやたらに策定することがこの段階での特徴となります。

そのよし悪しは別として、インフォーマルな組織はこの間もずっと重要な役割を担っています。事実、ホーム・デポの話でもあったように、インフォーマルは新しい変化を受け入れるか排除するかを決める大きな要素です。インフォーマルによって実行スピードが早くなることもあれば遅くなることもあります。しかし、企業が大きくなればリーダーのインフォーマルな要素への注目度はどんどん下がり、インフォーマルの存在感はどんどん薄れていきます。この時点がインフォーマルな組織から効果的にメリットを得るのが一番難しい時期です。フォーマルな行動を起こす際、リーダーは注意しないと意図せずして有益なインフォーマル要素を壊してしまう可能性があります。

インフォーマルへの注目度が下がると、パフォーマンスに関するさまざまなやっかいな問題が表れてきます。多くのリーダーはインフォーマルの問題の根っこ（信頼の喪失など）が何であるかわかりません。こうした問題は、顧客が見えなくなってきた、市場が急に変化して厳しくなった、業務がスムーズに進んでいないことなどに、ある日気づいて不安になることから注目を集め始める場合が少なくありません。

企業成長に必要なフォーマル部分の変革は、成長に従って存在感が薄くなるインフォーマルな部分を抑圧している場合が多いのです。エグゼクティブコーチであるマーシャル・ゴールドスミスは、「現在の成功へと導いたフォーマルとインフォーマルのバランスは必ずしも次のステージへの正しいバランスとは限らない」と言っています[4]。インフォーマルな組織が成長するにつれて徐々にフォーマルなプロセスを必要としたように、リーダーはインフォーマルな組織の変化する役割を注意深く見守り、インフォーマルな組織を健全に維持するための努力をする必要があります。

他の急成長した企業と同様、eBay もこのバランスを常に監視する必要がありました。eBay のビジネスは何百万人もの売り手と買い手で構成される巨大なコミュニティに支えられています。当初

eBay は顧客の倫理を厳しく監視していませんでした。コミュニティ内での信頼と自己責任、そして取引の透明性に頼っていたのです。初期においては、eBay のメンバーに悪質な売主との取引をしないよう注意を促すこと、売り手に悪い評価を与えること以外、ルール違反に対する罰則はありませんでした。eBay の設立者たちにとって、また初期のコミュニティメンバーにとって、この開放性と自由な市場の考え方が eBay の人気の魅力でした。この企業文化は急速に増えるコミュニティユーザーの信頼を元に形成されていたのです。eBay は階層のない民主的な組織であるとよくいわれました。

しかし企業として成長するにつれ、急激なユーザー数増加によりコミュニティでのひどいルール違反が目立つようになりました。そのため eBay のCEOであるメグ・ホイットマンは、ユーザーの大部分を占める良心的な eBay ユーザーを保護し、企業の健全性を保つためフォーマルな機能が必要であることを認めました。

そのため一九九九年に、連邦検事を務めたロブ・チェスナットを採用し、「ルール・信頼・安全性」と呼ばれる部門を設立しました。チェスナットは eBay のコミュニティ文化にそぐわない、そしてコミュニティの自浄効果では解決できない行動や詐欺に対する新たな方針を打ち出しました。同じく一九九九年に、eBay は自社サイトでの銃器の売買を禁止しました。「銃の売り買いは eBay サイトにはふさわしくない」。二〇〇一年の『ファスト・カンパニー』誌の記事でホイットマンはこう述べています。「銃の売り買いは我々が望んでいる会社には合わない行為だ」[5]

フォーマルとインフォーマルのバランスが常に変わっていくことは、すでにおわかりだと思います。しかし自分が当事者となると、それに気づくには少し時間がかかるのです。

状況に応じてバランスポイントを見極める

カッツェンバックはインフォーマルな組織の力とその重要性を海軍での経験で学んだものの、フォーマルとインフォーマルのバランスの重要性についてはまだ理解していませんでした。カッツェンバックはインフォーマルが部門を越えた協力体制のほか、仕事への感情面でのコミットや責任感、モチベーション、本当の意味でのチームプレイ、柔軟性、対応能力を引き出すのに最良であると確信しました。これは非常に価値のある教訓に思えたので、あらゆる組織でフォーマルよりインフォーマルがはるかに重要と考え、インフォーマルを最大限利用するスタイルに変えました。

海軍で過ごした数年後、カッツェンバックはマッキンゼー・アンド・カンパニーのサンフランシスコ・オフィスでマネージングディレクターとして働いていました。この仕事で彼はフォーマルな組織をほとんど他のメンバーに任せ、自分はUSSニコラスで学んだインフォーマルな部分、チームづくり、仕事への感情面でのコミット、そしてインフォーマルなネットワークを生み出すことに注力しました。

サンフランシスコは比較的小さなオフィス（コンサルタントと事務スタッフが各三五名ずつ）だったことから、この方法は非常にうまくいきました。パートナー同士は本当の意味でのチームメンバーで、インフォーマルなネットワークからも打てば響くような協力体制や仕事に対する感情面での強い責任感が生まれていました。何といっても一番重要なのは、スタッフたちが仕事そのものや働く理由、取組みに対してプライドを持っており、そのことによって彼らのモチベーションが高かったことです。

サンフランシスコで高い業績を上げたことにより、カッツェンバックはニューヨーク・オフィスに栄転しました。そのころカッツェンバックは自分をインフォーマル部分のエキスパートだと考えていました。サンフランシスコでの十分な成功体験を踏まえ、新しい職場でもインフォーマルの知識の実践を開始しました。ところが、サンフランシスコの四倍ものスタッフがいるニューヨーク・オフィスでは、サンフランシスコで築いた協力体制や仕事への情熱・責任感を生み出すどころか、パートナーから不満や怒りを買い、チームワークに必要な規律が崩れて業績が下がってしまったのです。

サンフランシスコで成功したフォーマルとインフォーマルのバランスがニューヨークには適さず、同じバランスでは業績を上げるどころか維持も難しいことが明らかになるまで二年もかかりました。カッツェンバックは社内の新たな職場へと異動になりました。成功より失敗から学ぶほうが大きいと本人が言っている通り、これは彼にとってつらい経験であったと同時にたいへん有益なものとなりました。

＊　＊　＊

インフォーマルの強みを見出し学ぶことと、フォーマルが持つ役割もインフォーマルと同じくらい重要だと捉える認識はバランスがとれている必要があり、それは組織の規模や複雑さが増すほど顕著になります。この本をお読みの読者にとっては、そんなことは当たり前かもしれません。しかし多くの経営者や企業にとっては、そのバランスがうまく取れていないように思われます。

第3章　フォーマルとインフォーマルの統合

　アメリカの偉大な社会生物学者であるエドワード・ウィルソンは、フォーマルとインフォーマルの重要性について、表現の仕方は違うものの多くを語っています。*Consilience : The Unity of Knowledge*（邦訳『知の挑戦――科学的知性と文化的知性の統合』角川書店、二〇〇二年）の中でウィルソンは、さまざまな学問分野を統合できる可能性があり、最終的には自然科学と人文科学さえ統合できるかもしれないと書いています[1]。それは賞賛に値する志であり、追求に十分値するテーマです。原題のConsilienceとはどういう意味でしょう。オックスフォード英語辞典によると「同意すること」「同時に起きること」、そして（我々はこれが最もよいと思うのですが）「統合すること」と定義されています。こうしたことは言うのは簡単ですが、実現するのはそれほど簡単ではありません。

　事実、フォーマルとインフォーマルを統合させる難しさは、一〇〇年以上前から続く経営学理論のテーマになっています。組織学の先駆者でヒューマンリレーションズ学派の中心的研究者であったメアリー・パーカー・フォレットは、一九二〇年代にすでにフォーマルとインフォーマルの統合を次のように説明していました。

「二つの（対立する）志向が統合されるということは、どちらの志向も収まるべき場所を見つけ、互いに何も犠牲にする必要がないような解決策が見つかることだ」[2]

フォーマルな指揮命令系統の外から統率することは、必ずしも指揮命令系統の中で管理する効果を下げることではないのです。実際に、双方が統合されれば境界線は自ずと消滅し、そうした導き方は全体を統べるものとなって組織をそれまで不可能だった方向へと導くことができるようになるのです。

インフォーマルは敗者である

フォーマルとインフォーマルの両面を統合することができるなら、誰しもそれを望んでいます。それではなぜそれがそんなに難しいのでしょうか。

理由の一つとして、インフォーマルははっきりとした形を持たず、管理や定量化がフォーマルと比べて難しいことがあります。二つ目に、経営者にはフォーマルな管理を重視する発想が蔓延しており、論理や分析に基づいた手法を求めるからです。そして三つ目、これが一番目立たない割に最も深刻なのですが、多くの企業の人材育成プログラムが、細部に厳格で、効率重視で、組織のラインの中での管理が上手な人物ばかり評価し昇進させる傾向にあることです。

目に見えないインフォーマル

理解しやすく明文化しやすいという理由から、経営幹部はフォーマルな組織を好む傾向があります。誰が誰に報告・命令するのか、誰が公式に意思決定するのかを決めるのは比較的簡単なことです。

多くの経営幹部はインフォーマルな組織をフォーマルな組織の反対と位置づけ、地下組織のような謎のネットワーク、あるいはひいき目に見ても仕事の妨げでおそらくまったく非生産的である、出所のわからない噂の発端などと考えています。インフォーマルなど放っておいて、フォーマルの指揮管理に従業員が自動的に従ってくれることを望んでいます。そうは都合よくいかなくても、フォーマルはインフォーマルを無理にでも引っ張っていくと期待しています。

フォーマルとインフォーマルの捉えやすさの違いが一番はっきりと現れるのは、新人が組織に参加したときです。新人にフォーマルな組織を教えるのは簡単ですが、インフォーマルは経験しないことには理解できません。公式の組織ミッションや行動規範を読んでも、組織の価値観が実際に組織内でどう作用しているのかはわかりません。組織図には誰が実質的に意思決定するのかが載っているわけではありませんし、横から口をはさむ人や互いの信頼関係といった意思決定に影響を及ぼす裏の事情については書いてありません。新人はこの見えにくさに苦労することがよくあります。特にOQが低い新人は、OQの高い人が組織の機微を学んでいく後についていけず、苦労することになります。

常識が妨げるもの

インフォーマルな組織は多くのリーダーにとって理解が難しいものです。これはひとえに経営者の間に根付いた「常識」が、ビジネスを戦争や科学と考え、インフォーマルとはまったく異なるイメージで見ているからといえます。

戦争型マネジャーは組織を軍隊の戦闘集団と同じように見ています。競合他社は敵であり、目標は相手を征服することにあります。そのためには軍隊と変わらない規律と管理体系が必要になるのです。

組織論学者のカール・ワイクが指摘するように、軍隊用語は広くビジネス用語として使われています[3]。「headquarters（本部・本社）」、「chief officer（将校・役員）」、「staff（スタッフ）」、「front line（前線）」、「divisions（部隊・部門）」、「strategy（戦略）」、「tactics（戦術）」、「recruiting（徴兵・リクルーティング）」、「competitive intelligence（敵情・競合分析）」、「discipline（規律）」、「codes of conduct（行動規範）」はすべてビジネスと軍隊で同じように使われています。ビジネスを戦争にたとえる考え方は、トップが戦略を決定し、中間管理層が作戦を執行し、前線には無条件で勇敢な行動が求められるという階層構造を意味しています。この考え方では管理された効果的な実行をよしとします。多くのマネジャーは軍隊の将校と同様、オペレーションにおいて予測できないことがあるのを嫌います。意外性は規律を確立し維持する管理体制の妨げとなり、常に悪と考えられます。計画のもとに成り立ったフォーマルな組織の場合、不一致をなくすこと、計画に戻ること、想定通りの結果をもたらすことが高い評価につながります。新たなビジネスチャンスが目の前にあるにもかかわらず、現状をまったく反映していない前年に決めた年度予算では対応しきれないため、資金や資源が不足し、結局諦めざるを得なかった実例は数え切れないほどあります。

このような考え方はビジネスの世界に広く浸透しており、マネジャーがそれに気づくことはめったにありません。たとえば、通信業界のある会社で、経営幹部三〇人が社内文化を診断する際の支援をした時のことです。この診断を始めるにあたって、ビジネスを戦争に例える考え方を説明し、その会社では軍隊的な命令と管理手法が用いられており、社内で多くの軍隊用語が使われていることを指摘しました。幹部たちはそれが会社にとって的を射た貴重な意見だと考えたようで、多くの参加者が頷き、同調する声が聞かれました。

診断が終わり、我々はこの意見をレポートにしました。しかし社長には面白くなかったらしく、

「軍隊用語を使うのは会社の一部だけだ。このような言動は当社の社風にもふさわしくない」と言われてしまいました。

軍隊的な言動がどれほど会社の価値観や社風と合わないのかを協議した後、社長はかなり興奮した様子で「要するに、唯一の解決法はその一部の軍隊的な連中を爆撃して追い出すことだ！」と言ったのです。その声に皮肉な調子はありませんでした。

戦争型マネジャーは次の三つの理由でフォーマルな組織に特に執着する傾向があります。

一つ目として、物事の展開に応じて柔軟に対応を考えるのではなく、プランに忠実に実行していくことを極端に重要視するためです。たとえ司令官が戦闘開始後は計画に従った行動は不可能であり賢明でないと言ったとしても、彼らは事前の計画に執着します。アメリカ海兵隊では、戦況が直属の上長の指示と合致しない場合、常に二ランク上のリーダーの決定に従うよう奨励されています。

二つ目として、既定の階層組織に執着することで、社内外関係なく何でも「自軍」と「敵軍」という極端な境界線を作ってしまうためです。このフォーマルな境界線への執着は、元来流動的であるインフォーマルな関係性や協力、ネットワークにとって妨げとなります。

三つ目として、戦争型マネジャーはフォーマルな職場での地位に捉われ過ぎ、人はそれぞれの地位や権限だけに基づいて仕事や責任を引き受けると決めてかかるためです。これにより、仕事の達成に一番重要である自発的に取り組むためのモチベーション＝「日々の仕事そのものから得られる満足感」を見過ごしてしまうのです。

ビジネスを戦争にたとえる考え方は、パワー（権力・決定権）が組織構造とプロセスの中でどのように動くかに焦点を当てています。一方、ビジネスを科学にたとえる考え方は、問題解決の方法に焦点を当てています。データ解析、仮説、証明、モデル化といった論理的な言葉が会議室やプロジェクト報告書、経営計画に溢れています。これは合理的な分析が問題解決や解決策の策定に絶対的な力を発揮すると固く信じられているからです。

この考えに従えば、正確な分析と科学的手法が使われている限り、どのような問題に対しても客観的に正しい答えが導き出せるということになります。そのため科学者型マネジャーはこれを支持するのです。さらにこの考えでは、経験のある限られた人々、すなわち一定レベルの頭脳や経験があり、トレーニングを受けた適切な役割にあるリーダーだけが論理的な正しさを理解できるということになります。まるで古代の予言者のように、経営戦略部門、MBAを持つ経営幹部、専門技能を持つコンサルタントが「何が客観的な真実なのか」の判断を組織全体で支配することになります。

エンロンの失敗は、ビジネスを科学と捉える考えがインフォーマルな組織のよい影響を妨げた典型的な例と言えます。これがエンロンのような規模で起こった場合、エリートの支配が蔓延して従業員の力を奪ってしまい、部下で本質を見抜く力のある人からのシグナルや知恵を無視することにつながるのです。

二〇〇一年一〇月にエンロンの不祥事が起こる少し前、我々はエンロンの従業員調査に関する分析を行いました。その結果、従業員は会社の財務業績と、ビジョン・価値観・自分たちのやる気の間に大きなギャップを感じていることがわかりました。フォーマルな組織構造がインフォーマルな組織を完全に支配してしまい(「戦略の論理的優越」と呼ばれる)、価値観と一致しない倫理や行動がチェックされない状態になっていたのです。

ビジネスを科学とみなす考え方は、次の二つの大きな影響を及ぼします。一つ目は、この考え方では情緒より合理性に偏重してしまい、直感や知恵を軽んじることです。これでは不完全かつ最善といえない解決策が生まれるだけでなく、その解決策が長期的な視点で誠意と熱意をもって実行されなくなってしまいます。

二つ目として、この考え方では問題解決の責任を、地位、見識、論理的な判断力などの理由から、ほんの少数の人たちに任せてしまうことになります。組織ではあらゆる人々が日々重要な問題を解決しています。経営リーダーの役割はごく少数の「偉い人・できる人」による問題解決に耳を傾けることではなく、組織のあらゆる階層の幅広い問題解決を支援し、すくい上げることであるべきです。

フォーマルと相性がいいリーダー人材育成プログラム

企業がリーダー人材を引きつけ、選抜し、教育し、登用する仕組みはあくまでフォーマルなプロセスです。このプロセスではフォーマルな組織を管理するために必要なスキルと決まった方法論に焦点を当てています。つまりこのプロセスは人材のフォーマル面を自ら強化しそうした人材を再生産しているのです。

インフォーマルな組織にも人材獲得、選抜、教育、登用について独自の方法はあるものの、実際の昇進や報酬に影響を与える力はありません。そのため組織で影響力のある地位に昇りつめる人たちはインフォーマルな組織よりフォーマルな組織を利用するのが得意です。そしてその彼らがリーダーを育てるプロセスを作っているのです。

ほとんどの場合、リーダーの選択は履歴書に載せられる業績に基づいて行われます。スキルの証明（資格や学位）、定量化された成果（例：売上を二〇％アップ）、経験（さまざまなフォーマルな役割での成功）などがそれに当たります。

　インフォーマルなリーダーの場合、このように簡単に伝えることができたり、書面にして評価ができる資格や経験を持っていることはほとんどありません。実際、我々が見たインフォーマルな組織のリーダーはみな現場近くにいて、まずトップリーダーに選ばれる可能性があるとは考えられていない人たちです。

　ときに二流の社員とみられてしまう彼らは、昇進を急ぐタイプではなく、他人の報酬や昇進にも限られた影響しか与えません[4]。それでも、公に認められることはなくても、組織の業績にとって重要な役割を担っているのです。しかし、そのモチベーションの源はインフォーマルな要素から来ています。一方本人にすれば自然なことなのですが、組織で上に上がった人であればあるほど、フォーマルに依存してインフォーマルを隅に追いやってしまうのです。

　経営リーダーの育成では、フォーマルな組織を管理する上で必要なスキルと経験を蓄えることが重視されます。たとえば、緻密な事業計画の策定、論理的なコミュニケーション、目に見える業績の測定・評価、プロジェクトのスケジュール管理などです。

　公平さを保つために言っておきますが、人事に携わる人たちはインフォーマルなやり方についてリーダーのトレーニングを行うことの重要性も認識しています。しかし、こうしたソフトスキルのトレーニングと財務的な業績との関連はあまりにもあいまいです。そのため、たとえばチームでのリーダーシップに関するトレーニングの場合、何がどう業績に結びつくのかは説明を省いて、リーダー候補者には漠然としたつながりや一体感、性格テストに基づく相性の理解などが奨励されます。そして実際の仕事の成果とは関係なく、チームビルディングをどれだけ楽しめたかなど単純にわかるモノサシで研修効果を計測するのです。

したがって「フォーマルとインフォーマルを統合する」と言うのは簡単ですが、とても難しいことなのです。しかし優秀なリーダーや企業は統合させる方法を見つけ、それを競争力や強みとしています。ただし、もちろんそれには自らに合ったやり方を自ら見つけ道を切り開かなくてはなりません。

*　*　*

オルフェウス室内管弦楽団：ユニークな統合手法

フォーマルとインフォーマルを統合させる最高の方法を考える上で、オルフェウス室内管弦楽団のケースは、驚くべき一例です。

オルフェウスは世界でも有数のクラシックオーケストラです。グラミー賞の受賞経験も複数あり、カーネギーホールを筆頭に世界各地の有名な会場で頻繁にコンサートを開いています。その録音を聞いただけでは、単に世界的なオーケストラの一つと思うかもしれません。演奏を観ることでしか一番の違いはわかりません。オルフェウスには他のオーケストラにある中心的なものが欠けています。それは指揮者です。つまり、オルフェウスはフォーマルな組織として一番中心的な要素（ＣＥＯ）なしに成功したのです。

指揮者のいないオーケストラ

オルフェウスは一九七二年に複数の音楽家によって設立されました。設立当初から指揮者なしという考え方を持っていました。この規模のオーケストラで指揮者なしというのは変わった構成です。しかしこれは指揮者の権限に対する抵抗ではなく、音楽家の情熱とやる気、そして才能に自信があることの表明でした[5]。

伝統的なオーケストラの場合、指揮者はフォーマルなリーダーであり、演奏中にメンバーのタイミングを測るだけではなく、作曲家のビジョンを解釈し、強調や微妙なニュアンスを加えるといった重要な決定を行います。そのため音楽家は曲の解釈には関われず、ただ指示に従うだけであることから、まるで機械の歯車のように感じることが多いと言います。

オルフェウスでは、すべての音楽家がオーケストラ全体の決定に責任があると感じています。オルフェウスの音楽家は、個人の直感、連携、情熱、責任感、一体感、他の音に耳を澄まし感じる集中力、そして仲間たちの音楽の解釈を信頼しています。オルフェウスに長年所属しているバイオリニストのロニー・バオによると、

「伝統的なオーケストラではいつも躊躇する感じがあります。演奏家は指揮者の合図や指示を待っているのです。オルフェウスには指揮者がいないので、音楽家は他の演奏家の音を注意深く聞く必要があります。これははるかに能動的で、受け身で指示を待つのとは程遠い演奏法であり、まったく異なる豊かな音が得られます。聴衆にはそれがわかるのです」

ロニーがオルフェウスの初期について話すのを聞くと、声に懐かしさがやどり、眼には何かが映し出されています。最初はコンサートごとに何百時間ものリハーサルを行ったと言います。まさに音楽

を実験していたのであり、リハーサル時間のほとんどをどのように演奏するかの話合いに費やしたそうです。それはまるで音楽のシャーレにすべての音楽家を入れて、どうやったら「一人は皆のために、皆は一人のために」と考える個体群が形成されるか理解しようとするかのようだったと言います。オルフェウスの唯一フォーマルな要素はコンサートマスターでした。彼はアーティスティックディレクターとして、演奏ごとに音楽の解釈やレパートリーに関する論議の仲裁役を果たしました。

このまさにインフォーマルな雰囲気は素晴らしい音楽を生み出したのですが、参加した音楽家によると、この取組みは精神的にも肉体的にも疲弊する、あまりにも時間のかかりすぎるものでした。オルフェウスのようなやり方ではメンバーに求める負担が大きかったのです。ほとんどのメンバーには別のオーケストラでの仕事や録音・授業の予定がありました。オルフェウスは他の伝統的なオーケストラより長時間のリハーサルを必要としました。しかもそれはリハーサルと呼べるものではなかったのです。レパートリーを決めるのにさえ多大な時間を要しました。さらに議論は往々にして音楽の解釈に関する口論に発展し、その犠牲として、疲れ果てて不満がたまった何人かのトップ演奏者がオーケストラを去り始めたのです。

フォーマルな要素を音楽に統合する

オルフェウスがいくつも重要な成功を収め、世界的な注目を浴びるようになると、その無計画でインフォーマルな組織では彼らの音楽に対して増え続ける需要に耐えられず、オーケストラはさらに消耗するようになりました。音楽性を損なわず、かつメンバーに負担をかけすぎない効率的な仕組みをつくる必要が出てきたのです。

「まさにビジネスがスタート段階から次の段階へ移るときのようでした」とロニーは言います。「他の成功し安定した組織のように、上がっていく聴衆の要求水準に常に応えられる『正式』な仕組みを導入する必要がでてきたのです」

オルフェウスはフォーマルとインフォーマルのバランスが取れていませんでした。それまで以上にしっかりしたフォーマルな組織体系がなくては、インフォーマルにも悪い影響を与えると気づいたのです。音楽家たちはそれでも指揮者を入れたいとは考えませんでした。そのためリーダーシップを共有したまま、効率性を高め意思決定プロセスを改善する「コアシステム」と呼ばれる新たなプロセスを生み出したのです。このプロセスでは、新しい曲のリハーサル時に少数のリーダー（コア）を投票で選出します。このリーダーにはコンサートマスター、第二コンサートマスター、オーケストラの各セクションのリーダーたちが含まれます。

まず新しい曲をどのように演奏するか決めるため、またオーケストラ全員でリハーサルするよりも時間を短縮するため、コアが他のメンバー抜きで新しい曲を演奏します。全員が集まった時、コアがその曲をリードしますが、すべての演奏家はコメントや質問ができます。コアは曲ごとに変更され、コンサートでのリーダーシップは複数のメンバーが掛け持ちします。それにより演奏家の間に蜘蛛の巣のようなインフォーマルなネットワークがつくられたのです。たとえば、コンサート中、バイオリニストはコンサートマスター、バイオリンセクションのリーダー、他のセクションのリーダー、バイオリンセクションの他のメンバーの演奏に集中して準備する必要がありました。

コアシステムは成功しました。コアシステムによりオルフェウスはリーダーシップを共有したまま、生産性と効率性を高める正式な組織体系を手に入れたのです。重要なインフォーマル組織を維持することで、オーケストラのメンバーは指揮者なしで美しい演奏を行うという不可能を可能にしたのです。オルフェウスはインフォーマルなルーツを守りつつ、指揮者なしでの演奏を維持しています。

ビジネスとしての仕組みを構築する

オルフェウスが称賛を浴びだしたころ（一九九九年にグラミー賞受賞）、他の組織的な問題が浮上し始めました。長期間の海外ツアーに出るようになり、音楽家教育のためのデモ演奏といったメンバーやオーケストラにさらに負担となる新たな活動の展開を始めたのです。運営のプロとして、エグゼクティブディレクターが迎えられました。しかし役員会はこのエグゼクティブディレクターのリーダーシップに不服で、結局自らが介入することになりました。

二〇〇二年十二月、役員会はグラハム・パーカーをゼネラルディレクターとして迎えました。ゼネラルディレクターは新たなポジションで、マーケティングと運営、ツアーマネジメントを責任範囲に含んだものでした。グラハムは当時マネージングディレクターであったロニー・バオの直属となりました。二〇〇八年、オーケストラがさらに込み入った財務問題に直面した時、グラハムはリーダーシップの所在をより明確にするためエグゼクティブディレクターに就任しました。

オーケストラの管理運営にはフォーマルな責任と決められた役割分担が必要です。その一方で、オルフェウスの管理部門のリーダーはオルフェウスのインフォーマルな魂に魅了され、その流儀に従いたいと考えています。音楽家がリーダーシップの役割を共有し組織全体のために尽くすのと同様に、管理部門は管理部門としてのインフォーマルな組織でうまく機能しているのです。フォーマルな役職や役割はあるものの、管理機能が最高のパフォーマンスレベルで機能している時、管理者はインフォーマルに特徴的な「流れるように」働けている状態を感じるそうです。

二〇〇七年の後半、ジアとカッツェンバック・パートナーズの同僚であるアレックス・ゴールドスミスがオルフェウスの戦略プラン作成に協力しました。これはオーケストラが寄付を募る大きなキャンペーンを計画したことに端を発しています。管理部門はオーケストラが寄付者にそのビジョンや目標、長期プランをはっきりと伝える説得力あるストーリーがないと考えました。しかし、伝統的な戦略立案のやり方では、オーケストラの独特かつインフォーマルな文化を伝えることはできないと判断したのです。

そこで音楽家がリハーサルを行うときのように自由に企画について話し合うこととし、アーティスティックディレクターの役割と同じ進行役グループを立ち上げました。進行役グループは会議の進行役を務めると同時に、最終的な意思決定権限を持ちます。その後、音楽家、管理部門、役員会からそれぞれ同じ割合で構成される「コア」を選定しました。

この共同体制により、トップダウンでは難しいアイデアや情熱が生まれました。フォーマルな組織構造（コア、進行役グループ、明確な意思決定責任）が存在したことにより、インフォーマルな議論が進行を遅らせたり行動の足かせになることを防いだのです。

このプロセスによって、組織には依然としてリーダーシップに関する問題があることが判明しました。そこでエグゼクティブチームはしばらくこのプロセスから距離を置き、どうすればオーケストラが芸術的な創造性を維持しながら、運営をより効率化できるかを検討しました。オルフェウスの理事でハーバード大学心理学教授のリチャード・ハックマンの協力を得て、オルフェウスはシニアリーダーシップチームを設立しました。これはオルフェウスのインフォーマルへのこだわりとフォーマルの長所である責任所在の明確さを合わせ持つ独特なリーダーシップの仕組みです。このシニアリーダーシップチーム以外にも、アーティスティックディレクター、エグゼクティブディレクター、ゼネラルマネジャーで構成されるアーティスティックプランニングチームがあり、芸術分野に関する問題は主にこのグループが解決します。運営上の問題はグラハムが毎週管理スタッフと行うスタッフミーティングの場で解決されます。

グラハムと四人の管理部門ディレクター、そしてリードアーティスティックディレクターで構成されるシニアリーダーシップチームは理性と感性をあえて統合する仕組みです。グラハムは言います。「オーケストラのメンバーには常に会議に参加してもらっています。それによりいい意味での緊張感が生まれるのです。通常、オーケストラでは音楽家と経営側が会議を持つことはありません。音楽家は仲間同士で話し合った後、その結果を経営側に伝えるのが普通です。しかし我々の場合はお互いに正面から話し合うのです」

シニアリーダーシップチームでは会議の協議事項を決定する際、オペレーションの細かすぎる問題は会議で協議しないこと、また広範な議題をカバーできる時間を確保することに十分な気を使っています。「このチームの会議は我々五人が一週間に二時間だけ集合し、考え、夢を語り、どのように目標に向かうかを話し合う場所です」とグラハムは言います。意識的に経営側とアーティスト側の二つのコミュニティを統合することで素晴らしい創造性が生まれるのです。

このような組織を実現するにあたっては、何をするのか考えるのと同じくらいの労力を、どうやって一緒に行うかの検討にも払う必要があったとグラハムは述べています。最初の日に一日閉じこもってしたことは、話し合うこと、より議論を深めること、行動規範に関して合意することだったと言います。名声がさらに高まり成長を続けることでオルフェウスは新たな問題に直面すると思われます。しかし今後も引き続き、すでに熟練の域に達したフォーマルとインフォーマルの統合力で解決していくことでしょう。

統合に関わる要素

我々が「バランス」という言葉を使うとき、フォーマルとインフォーマルの両方が別々に存在しながら、うまく働いている状態を意味します。一方で「統合」という言葉を使うときは、フォーマルとインフォーマルが一つになって影響力を持つことで、フォーマルとインフォーマルから得られるものが区別できない状態を意味します。このような定義はとても微妙なもので、おおまかに分かれていれば問題ないのですが、気になる方のために少し補足しましょう。

フォーマルとインフォーマルな機能の統合は難しいと言えます。フォーマルとインフォーマルのバランスの取れた均衡点が常に揺れ動くことが理由の一つです。リーダーが持つ何でもフォーマルに依存したがる傾向と、インフォーマルが持つ機能の限界がそうした不安定な状況をつくり出します。しかし、組織のすべての人がこのバランスから目をそらさず、統合することに注目すると、何が必要なのかが自ずと明確になり現実的な解決策が自然に現れます。もちろん正しいバランスの均衡点を見つける上での試行錯誤はありますが、経験を積むとともに面倒な失敗はなくなっていきます。賢明なリーダーであれば、フォーマルとインフォーマルの組織の境を常に見極める方法を学習していくのです。

公式な業務プロセスは仕事の効率を高める一方、組織の裏にあるネットワークは既定のプロセスでは解決できない不測の事態にすばやくチームを招集し問題解決にあたる上で力を発揮します。それらの統合こそがきわめて重要です。なぜなら高い成果を上げる組織が常に注意すべき変数が一つあるとすれば、それは維持されたバランスを崩してしまう変化だからです。したがって、リーダーがフォーマルとインフォーマルな組織の統合を示す大事な目印をどのように見つけるかを知ることが大変重要です。以下に「統合された状態」はどんなものか例を挙げます。

□戦略や計画に合った決定や行動が感情的にも動機づけされている

あらゆるレベルの社員が、会社の目指す方向性が日常業務にどう反映されているか理解している。自分の仕事で何が重要なのかをはっきり自覚し、感情的にも打ち込み、やるべきことが論理的にも明瞭になっていて、それに応じた行動をしている。たとえば、サウスウエスト航空とその従業員は、パイロットから荷物係まで全員が一丸となって飛行機が予定通りに飛べるよう努力している。これはフォーマルな義務というよりインフォーマルがもたらす行動規範である。しかし、運用率を上げることがコストダウンにつながるというフォーマルな戦略もサポートしている。

□定型業務が常に改善を繰り返す

マネジャーやリーダーからだけでなく、現場の従業員からの提案をもとに改善が行われている。改善はインフォーマルな組織にサポートされており、フォーマルなプロセスがその後を追う形になっている。社員がインフォーマルに実験し、最良と考えられた改善が標準化されてフォーマルなプロセスとして組み込まれる。すでに伝説になっている例としてトヨタ自動車がある。高度に細分化された自動車製造プロセスにおいて、製造ラインの従業員が常に品質改善を提案するよう強く奨励されているのは典型的な例といえる。

□自然発生した作業チームが既定の組織体系を超えて仕事や改善を行うとともに、効率性重視の組織体系も維持されている

皆が共有するネットワークを利用して、フォーマルなプロセス化への道筋をつけることがよくある。優れた企業では、こうした道筋がインフォーマルに確立した場合のみフォーマルなプロセスを導入している。グーグルでは、新商品開発チームや開発プロセス・テスト方法について、あらゆるものをフォーマル化しないよう細心の注意を払う。グーグルではインフォーマルを欠いたフォーマル化を「先走り」と考えている。同社ではむしろ、膨大なリソースが必要になる場合や既存の仕事方法を妨げる場合を除き、インフォーマルの小グループが新たな取組みを進めることを奨励している。

□従業員の多様な目標や意欲に応える幅広い処遇メニューが存在する

たとえば、高い潜在能力を持ったトップタレントたちは、個人としての報酬や昇進を重視しており、毎年の昇進や昇給が組織から得る報酬の中核となる。そこまでモーレツでない普通の社員たちは周囲と協調して自分のペースで成長することを重視しており、そのため日々の達成感や同僚からの賞賛が報酬の中心となる。創業者バーニー・マーカスとアーサー・ブランク時代のホーム・デポは、そのように従業員に自分の仕事へのオーナーシップ、仲間との連帯と責任感を与えた職場の好例である。

□従業員が自社、同僚、日々の達成感に誇りを感じている

同僚からの敬意、そしてあらゆる階層における自己規律は、組織のトップに対する敬意と同じかそれ以上に重要である。米国海軍はフォーマルとインフォーマルを統合し、どんな階層においても誇りと同僚間のインフォーマルな規律を促す文化をつくり出している。

□自社の成功を応援してくれる社外パートナーや納入業者・顧客からなる「生態系（エコシステム）」がある

たとえば、アップル社が販売したマックの初期ユーザーは、同社の一挙手一投足を追いかける熱狂的なファンであった。彼らはアップルが創立以来の目標である可能な限りユーザーフレンドリーなコンピューターを常に追い求めることを望んでいる。彼らはアップルの集会や公開会議すべてに出席するような熱烈なファンである。当然のこととしてアップル社は彼らの忠告に注目し、そのインフォーマルな情熱に向けたフォーマルな仕組みとフォーラムを開設した。

上記はいくつかの「統合」を示す例ですが、フォーマルとインフォーマルの要素を簡単に因数分解することはできません。両者はお互いに絡み合っていて、高いレベルで統合されるほど、どれがインフォーマルとして利用され、どれがフォーマルに管理されているか線引きが難しくなるのです。

ヒューストン警察（HPD）：インフォーマルの効果

刑事もののテレビ番組が好きな人は、警察について詳しいことでしょう。そうした番組はとても面白いのですが、大都市の警察業務におけるフォーマルとインフォーマルの実態についてはあまり伝えていません。警察ではほとんどの仕事が根気のいるきつい仕事です。テレビで見るような勇敢さは必要ないのです。警察署が最高の成績を上げる上で一番重要なことは、実はどれだけ効果的に組織内のフォーマルとインフォーマルを統合させるかであることがわかっています。

たとえば、組織としての成果（犯罪予防と犯罪者の逮捕）は、ヒューストン警察（HPD）にとって非常に重要なことです。今から紹介するのは、HPDが新たなフォーマルの仕組みとして犯罪予防グループを導入し、既存のインフォーマルが既に行っていた取組みとバランスを取ることで両方から最高のものを引き出し、どのように業績を上げたかという話です。

警察がどれだけうまく犯罪予防の任務を遂行できるかは、地域社会に非常に大きな影響があります。犯罪が起こってしまえば、取り返しがつかない結果を招くからです。パトロール警官と捜査官は常にお互いを信頼し、犯罪の解決と犯罪者の逮捕に当たる必要があります。当然、彼らがどのような協力体制（フォーマルとインフォーマル）を作るかが生産性と効率に大きな影響をもたらします。

ほとんどの警察署と同様、HPDも二種類の警官で構成されています。パトロール隊は緊急電話に対応する警察官で、近隣の所轄区域を任されています。捜査部門は強盗や殺人など犯罪の種類によってさらに部門化されています。ほとんどの場合、この二種類の警官は別々に活動します。しかし、時としてこの二種類の部門が協力して任務にあたらなければならない場合があります。

HPDにおいて、緊急電話（九一一番、日本では一一〇番）の対応は不可欠ではあるが時間を食う仕事です。緊急電話は引っ切りなしにかかってくる上に無視できないのですが、対応したからといってその分だけ逮捕件数が増えるわけではありません。緊急電話対応は犯罪減少への直接的な効果は小さいといえます。その上、そうした対応はパトロール警官が交通整理や違反切符を切る以外の積極的な犯罪予防に使える時間を奪い、邪魔をするとさえ言えます。

HPDの巡査部長マイク・フォラバーは、警察は犯罪発生後の解決より犯罪防止に注力すべきだと考えていました。つまり警察は事後の受身の対処ではなく、事前の積極的な対策を増やすべきだという意味です。一方で警官たちが事前対策を行えるようにするとともに、緊急電話への対応をより迅速で無駄がないものにする仕組みが必要だと彼は考えていました。

フォラバーは、自分が構想していたことを過去に他のHPDの巡査部長がやろうとしたことも知っていました。残念ながらその試みは署内から猛烈な反感を買い、失敗に終わりました。簡単に言うと、すでに犯罪予防を行っていた警官たちを正式なチームにして支援することに重点をおき、それ以外の警官を蚊帳の外に置いてしまったのです。この選抜チームのメンバー以外は緊急電話対応の役割ばかりを強いられました。当然、チームメンバー以外の警官は余計な面倒くさい仕事に憤慨したのです。その結果、インフォーマルな同僚間の連携がとても非生産的になってしまいました。これはフォーマルな仕組みの導入（新しいチームと他のチームの除外）によって、既存のインフォーマルな仕組み（役立つ仕事をしているというプライド）との間に摩擦が生じる典型例です。

そのためフォラバーは「自分の意思で決める」ことを重視したまったく異なるアプローチを用いま

した。犯罪予防の新たなグループを設立し、明確な目的と求められる任務を定めて、署内の全員が自分の判断で参加できるようにしたのです。参加すれば当人の仕事は増えます。しかし、緊急電話に妨害されず任務を行うこともできるのです。犯罪予防グループに参加しなければ、おのずと緊急電話の対応に当たらざるを得ないことは署員にとってあきらかでした。

グループ全体に選択肢と新しい責任分担が明確に示されたことから、犯罪予防パトロールグループに参加しなかった署員も、自分が無視されたと考えることや不公平に過度の負担を押しつけられたと感じることはありませんでした。この単純な仕掛けにより、フォーマルな仕事手順とインフォーマルなモチベーションを結びつけることを可能にしたのです。プロセスが公平だったため、インフォーマルの抵抗にあうどころかそこからサポートを得られるというメリットもありました。従来はできなかったフォーマルとインフォーマルの統合が得られたのです。

フォラバーのこの解決策は大成功でした。巡査部長たちは犯罪予防プロジェクトの設計や計画は管理しながら、署員にあくまで自分の意思で参加し主体的にリードさせることができました。犯罪予防にあたった警官は、戦術的思考、徹底捜査、問題解決といった通常では得られない貴重な経験をすることとなりました。その経験は彼らが今後刑事になりたいと考えた時に役に立つものでした。

フォラバーは専門グループを作り、チームに活力を与えました。彼の行動は人々のプライドや同僚からのサポートといったインフォーマルへの理解にもとづいたものでした。さらにフォラバーはフォーマルな仕組みも導入して両方を利用し、まさに統合したのです。

多くの場合と同様、インフォーマルを解き放つことには他にも予想外の好影響がありました。犯罪予防グループはインフォーマルな組織にも幅広い影響を与えました。特にパトロール担当の巡査と捜査担当の警官とのネットワーク強化に役立ちました。捜査担当の警官は犯罪予防グループが解決に協力できるようになった問題にずっと取り組んでおり、犯罪予防グループの警官は緊急電話から解放され特定の問題や犯罪に時間をかけて取り組めることとなります。結果として双方のグループが互いに連携を深め協力して効果的に任務を遂行できるようになりました。

この新しいネットワークはHPDにとって短期的にも長期的にもきわめて重要なものです。たとえば、捜査部門の警官は捜査現場でパトロール警官の直接的な支援を必要とするときがあります。薬物部門の捜査官ザルド調査部長は次のように説明しています。「薬物担当の警官は通常内偵のため私服で行動しています。そのため私服警官が現行犯逮捕を行う場合、制服を着た警官が協力してくれることで正当性を得られるのです」

パトロール警官でこの仕事に最も適しているのは近隣の地理に詳しい警官です。地域の地理に不案内なパトロール警官と一緒に任務を行うとひどい結果を招くおそれがあります。そのため、パトロール警官のうち誰が捜査部門の警官と協力する業務に関心があるかを知れば、連携がよくなるだけでなく、成功の確率や安全性・効率性も高まります。

かつては、捜査部門の警官がパートナーにパトロール警官の誰を選ぶかは直感に頼っていました。現在、新グループの参加者はこの仕事にやる気があるとすでにわかっています。さらに長期的にみると、捜査部門が人員を補充する際、ほとんどがパトロール部門の警官から選抜することになります。犯罪予防グループのプログラムはそうした才能を見つける以外にも、捜査部門に興味があるパトロール部門の警官が異動希望を出す際にうまくいくトレーニングやスキルを身につける機会も与えているのです。

フォラバー巡査部長がフォーマルとインフォーマルを「どのように」統合したか、そのアプローチはとても重要です。フォラバーはフォーマルな組織を設立しました。ただし、やり方はインフォーマルな組織を統合するもので、その怒りを買うことなくむしろそのサポートを得られるものでした。

「我々は全員が同じチームの一員です」と彼は言います。

「全員が同じ犯人を逮捕するため、そして街の安全を守るために働いています。それが我々の任務なのです。我々は協力してそれに当たる必要があります」

既存のインフォーマルな地下水脈に堅く根を張って非常にうまく実行された彼のプログラムが、その任務の実行を容易にしたのです。

＊　＊　＊

文章にすれば簡単に見えるかもしれませんが、これは簡単なことではありません。どのような組織でもフォーマル主義者は管理や効率性、そしてフォーマルの汎用性に傾倒しています。そして、厳格なプロセス、成果測定指標の明確さ、科学的な分析が、なぜ「あれこれ障害はあっても結局は組織の人々を望みの方向へ動かせるのか」を、いとも簡単でロジカルに説明することができます。しかし残念ながら、それでは道中に多くの優秀な社員と顧客を失うことになるでしょう。

逆にインフォーマルの信奉者は、権限委譲、心から没頭すること、感情的なエネルギーが持つ見えない力に精通しています。しかし残念ながら、それだけに頼っていては目標に到達するのに多くの時間と資源が必要になってしまいます。だからこそ、偉大な組織やリーダーたちは例外なく組織の両方の側面に細心の注意を払うのです。

第2部　動機づけで個人のパフォーマンスを上げる

ほとんどの従業員が、金銭的な報酬よりも、自分の仕事をどう捉えるかでモチベーションを左右されます。たしかにお金は才能ある人材を引きつけ、一時的に引きとめるのに役立ちます。しかし従業員に変わらぬモチベーションを与え続けるのは、日々の地道な達成から得られる仕事へのプライドです。そしてこのプライドが従業員から最高の成果を引き出すことにつながります。多くの従業員が気持ちよく働ける環境を生み出せるマネジャーは、ごく少数のエリート向けのフォーマルな報酬制度に頼ったマネジャーより優れていると言えます。

プライドの源として重要なのは、働く人にとって意義のある組織の価値観です。これは言うのは簡単でも実現するのは難しいものです。プライドを生むものは何でもそうですが、「何がこの仕事で大切なことなのか」という価値観は組織としてのスローガンではなく一人ひとりの仕事に直結している必要があります。そして最も重要なことは、そうした価値観が従業員の注意を自分と組織の成果に向けさせるものになっているかどうかです。それができた時、価値観を軸としたインフォーマルな組織がフォーマルな成果や目標に対する心からのコミットメントを生み出します。そして理屈で嫌々従うよりもはるかに優れた業績につながるのです。

この手の「やらされ仕事でなく、もっと上を目指そう」というエネルギーは、たとえば、引越会社であるジェントル・ジャイアントの職場環境で見られます。他の米国の運送会社と違い、同社では荷物を運ぶ際、特に必要がなくてもただ体を鍛えるためだけに、運送スタッフが走ってトラックへ戻ったりします。第2部では同社の話をはじめ、インフォーマルの感情的パワーが高い成果に貢献することを示す例を、企業だけでなく非営利団体も含めて紹介します。

*　　*　　*

第4章　重要なのは仕事そのもの

ある日、私たちは通信会社ベル・カナダで一〇人ほどの回線修理工に、上司のトニー・クォックの与える仕事を皆がどのように感じているかを聞きました。

「仕事で一番満足感が得られるのはどんな時ですか」とジアは質問しました。

「簡単よ」

ヘザーという若い女性が答えました。

「他の人ができない修理を自分が何とかしてあげられる時よ」

部屋にいた仲間たちのうち何人かは笑い、何人かは不思議そうな反応を示しました。

「ヘザーが言ったことに驚いたようですね」とジアは聞きました。

「少しだけな」と一人の技師が答えました。

「まあ、ヘザーはここにいる仲間以外のことを言っているんだろう。ここのみんなは誰も修理に失敗したりしないからな」

全員が笑いました。

「皆さんは、彼女が他人の修理できないものを直すのが好きなことをご存知でしたか」

質問には全員が頷きました。ジアはヘザーに聞きました。

「トニーもあなたがどんな仕事に満足感を持っているか、知っていますか」

「もちろん知っているわ」

「どうしてそれがわかるのです」

「だって彼はその手の仕事しかくれないもの。だから、皆が失敗すればするほど私にとってはいいってことよ」

なぜプライドはお金より重要なのか

日々の達成を心地よく感じることは強いモチベーションの源泉であり、個人の行動に影響を与えます。残念なことに多くの場合、日々の仕事というものはまるっきり退屈でストレスだらけではないにしても、あまり変化のないものです。そのため「心地よく感じる」ことはそれほど簡単ではありません。そして、このようなポジティブな感情は、ほとんどの場合インフォーマルな組織から得られるものです。

プライドは、ポジティブな感情の中で最も強いものの一つです。子どもはいい成績を取ることや新しい知識を学ぶことに誇りを感じさせてくれる先生がいればこそ、学校で一生懸命頑張ります。一流スポーツ選手は巨額の報酬を得るようになっても、なおチャンピオンシップに勝つこと、また自分を極限まで鍛え上げることにプライドを持ちます。結果だけでなくプロセスに対するプライドもまた、結果そのものへのプライドと同じくらいモチベーションを生むのです。たとえば、精油所の作業員であれば、安全操業の記録にプライドがあるから細心の注意を払うとも言えるし、より単純に事故を防ぐことで、職場の仲間を助けることは気分がいいから頑張る、という部分もあるでしょう。

しかし、多くの報酬制度は金銭面での報酬や昇進といったフォーマルな報酬だけに注目しています。我々の調査と経験によると、仕事の捉え方や日頃の達成に対するプライドは、日々の行動を左右する強力なモチベーションとなります。著書 *Why Pride Matters More Than Money* の調査研究とその後のクライアントとの仕事から、カッツェンバックはモチベーションを引き出すプライドについて次のような洞察を深めました[1]。

自分の仕事をどう感じているかが最重要

プライドは、最高のパフォーマンスを出す人々のモチベーションの中心となっています。これは芸術、音楽、スポーツ、医学、芸能と幅広い分野すべてに言えることです。米国の人気コメディアンのジョージ・カーリンにとって、長年の地方舞台まわりの下積み生活でモチベーションになったのは、お金でも他人からの評価でもありません。それは持ち前の徹底的な作りこみと舞台準備をはじめとした、仕事そのものでした。ツール・ド・フランスで七勝をあげたランス・アームストロングのモチベーションは、勝った時の栄光ではなく、何年もの厳しいトレーニングから得られる喜びでした。我々の実地調査では、自分が行うことの意義について、またそれをどのように行うかについて喜びを感じる、人間特有の欲求が確認されています。これはエイブラハム・マズロー、ダグラス・マグレガー、ピーター・センゲ、フレデリック・ハーズバーグといった研究者もあきらかにしていることです。

プライドはマイナス方向へも動機づけする

旧約聖書において、プライドは七つ目の大罪に数えられています。我々も、高慢なプライドや自己顕示欲が、企業の長期的利益につながることはほとんどないことに注意しなければなりません。多くの人がヨットや大邸宅、デザイナーズファッションなどを持っている自分に物質的なプライドを感じるのも事実です。一方で、金銭的・物質的な報酬に頼りすぎる企業は、もっと高い報酬を約束する企業が現れれば優れた人材を奪われてしまいます。

残念ながら、プライドはよい方向へも悪い方向へも人を動機づけします。典型的な例がスタンフォード大学の経営学教授、ボブ・サットンのブログ「Work Matters」で紹介されています[2]。それはトロント大学ロットマン経営大学院教授で心理学者のゲイリー・レイサムが、ある大規模な製材工場で行った調査の一部についてです。ここでは従業員が毎年約一〇〇万ドル相当の機械や備品を盗んでいました。組合があまりに力を持っていたため、従業員に当たり前のルールを守らせることさえできなかったのです。しかし、レイサムの調査によると、盗まれた物のほとんどは犯人にとって必要のない物や使わない物でした。彼らはただスリルと友人への自慢のためにやっただけで、そのことに高いプライドを感じていたのです。

レイサムは経営陣と検討した結果、従業員が機械を借りて個人目的にも使える図書館のようなシステムを導入して、「スリルを失くす」ことにしました。経営陣の許可があれば機械が使えるようになったことで、盗みの面白味はなくなり、仲間に自慢してプライドを感じることもできなくなりました。仲間内で格が上がらなくなると盗難はほぼゼロになり、従業員は過去に盗んだものを返却するようになりました。

いい意味でのプライドは、やはり同じように働きます。プライドから生まれる仕事へのモチベーションや、一緒に働く人たちを誇りに思う気持ちは、いわゆる物質的なインセンティブとは異なるもので、その企業独自の理想的なものと言えます。そのため、インフォーマルな要素から得られるモチベーションを理解し、利用することは重要なのです。優れた変革リーダーの秘訣は、人々が仕事に感じるプライドを優れたパフォーマンスに結びつけることです。

仕事のプロセスも成果と同じく重要である

周囲のモチベーションを高めるのが上手な人は、部下が自分の結果に達成感を感じるだけではなく、そこに至るまでのプロセスにも喜びを感じられるようにする方法がわかっているものです。優秀なマネジャーは月次目標の達成を評価しますが、我々がモチベーション向上の達人と呼ぶ人々はさらにその先を行き、目標達成の基礎となる日常の小さな努力も、目標以上に注目して評価します。達人はたとえ月次目標が未達だった場合でも、努力や精力的な仕事ぶりを巧みに評価し、部下があらためて気持ちよく頑張れる方法を見つけるのです。

給料、福利厚生、昇進も人をモチベートする

物質的な報酬は、マズローの欲求段階説にある生命および生活維持への欲求を満たすためにも重要なものです。多くの人はまずは家族を養うことに優先順位を置いています。しかし、基本的な生活ニーズが満たされれば、いくらそれを超える給料を支払っても、社員が自ら大きく行動を変えたり成果向上を促す動機づけとしては機能せず、せいぜい優秀な人材を引きつけ、会社に引きとめる条件に

しかなりません。

カッツェンバックの*Why Pride Matters More Than Money*に関する研究以降、これら以外にも我々の調査によって以下の四点が明らかになっています。

会社へのロイヤルティは必ずしも行動変革につながらない

自分の会社やそのトップ、ブランドや企業目標に対するプライドも人材を引きつけ、維持するために重要です。しかし実際に自分の行動を変えるかどうかは「会社がどれだけ素晴らしいか」以上に、目の前の自分の仕事をどう思っているかに依存しています。我々独自の研究では、自分の仕事を意義あるものと認めれば、自社へのプライドも高まり、自らの行動も変わることはあきらかになっていますが、逆に「自分の会社が素晴らしい」と自慢に思っているからといって、それが仕事上の行動に変革を起こすかどうかは確実な証拠がありません。

プライドの源泉は一つではない

モチベーションを上げるのが上手な人は、試行錯誤しながら相手や目的に応じてどのプライドの源をどのように刺激するべきかを常に学んでいます。たとえば、共感の持てる企業目標、商品の品質、地域社会への貢献などは、従業員がそれを感じることで自分の仕事にプライドを持つ源となります。カギとなるのは、さまざまなプライドの源を一人ひとりの毎日の仕事と感情的につなげることです。これは経営者にとって、説得力のある多くのプライドの源を用意し、マネジャーが現場にプライドを醸成しやすいようにすることを意味します。しかし何といっても直属の上司が、個人的なインフォーマルな関係を使って、部下の個々の仕事環境に合わせてプライドを根づかせることが最も重要です。

周囲から孤立した状態ではプライドは生まれない

ほとんどの場合、人には喜びを分かち合いたい実在または想像上の「プライド自慢を聞いてくれる相手」がいます。モチベーションを上げる達人は相手に応じてそうした聞き手が誰なのかをよく知っており、うまく利用することができます。働き始めたばかりの若い人の場合、両親や同僚が聞き手になるでしょう。やがて結婚相手や子供が聞き手に加わります。時として、昔の恩師やかつてのあこがれの上司が「聞き手」になることもあります。年を重ねていくと、プライドの聞き手は再び同僚だけに戻るかもしれません。さきほどの盗難が多い製材所の例でも、「聞き手がいること」の重要性がよくわかります(もっとも、製材所での行動は法律に違反したものでしたが)。

人はそうした聞き手が自分の達成をどのように評価するかを想像して、強い誇りを感じます。そのためプライドをくすぐるのが上手な人は何かあると簡単なメールではなく、相手の自宅に個人的なメッセージを送るのです。正式な行事の時だけではなく、季節ごとに手書きのメッセージを送ります。誰かをほめるメールを送る場合は、内容を考え抜いた上で関連する同僚や上司にもCCをつけて送ります。これらは日々の仕事からプライドを引き立てる上でのネットワークやコミュニティの重要性を表しています。

フォーマルな報酬がプライドを損なうこともある

報酬とプライドがどちらも動機づけになることは容易にわかりますが、両方が同時にあるとどうなるのでしょうか。金銭的報酬のような外発的な動機づけと、仕事へのプライドのような内発的動機づけを組み合わせた場合の影響については、多くの研究が行われています。相乗効果としてモチベーションが二倍になりそうにも思えますが、ほとんどの場合、実はそうではありません。

実際には、外因的な報酬が内因性のモチベーションを低下させることがあります。研究によると、個人が何かをする際に外因性と内因性の両方の理由がある場合、行動の根拠が十分ありすぎるので、人は内因性の理由のほうを割り引いて考え、外因性の理由を重要視するのです。これはレオン・フェスティンガーが一九五七年にあきらかにした「認知的不協和の解消」という考え方です[3]。

たとえば、保育園の子どもがお絵かきをすると「よくできました」賞がもらえるとします。そうすると子どもはたいてい喜んでお絵かきをしますが、この類の外発的な報酬がない子どもに比べて自然にはお絵かきをしないようになります。つまり、お金は人が仕事に対して自然に持つプライドの妨げになりうるのです。これは「お金がすべて」というある種の世界の常識とは反対となる重要な考え方です。かつて自分の趣味であったことで稼ぐようになると、趣味は以前ほど楽しくなくなり、退屈で嫌な仕事になる可能性があるのです。

我々は、巨額の金銭的報酬ばかりに頼る組織（かつての投資銀行など）は、自ら実現していく予言をつくり出しているようなものと考えています。そこでは正式な評価はほとんどすべてお金であり、従業員は自らのボーナスの額と収入を誇示できる「モノ」を購入できることにプライドを感じています。これは仕事をすること自体のプライドを教えるインフォーマルな取組みを簡単に台なしにするものです。いくつかの関連研究によると、人が内因性の評価ではなく外因性の評価によって動機づけされた場合、パフォーマンスの質と創造性が低下するとされています。

もちろんそのような研究にも限界があります。たとえば、保育園は複雑な大企業の世界とはかなり異なっています。しかし、行動の変化を継続させるにはお金よりプライドが重要であるとした主張をサポートする証拠も十分にあります。また金銭的な報酬はプライドを下げるため、内因性のモチベーションも下がってしまいます。結果として、自分の利益だけを追い求める短期的な努力は、長期的なパフォーマンスの犠牲の上に成り立つことになるのです。誰しも仕事の中でジレンマに直面して、「でもこれで食べているんだから仕方ない」とあきらめたことが何度もあるでしょう[4]。そして何人のキャリアカウンセラーが将来の仕事についてのアドバイスを、「もしお金が関係なければ、どんな仕事を選びますか」と聞くことから始めたでしょうか。

プライドビルダーの特徴

プライドビルダー（モチベーションを上げる達人）はプライドの重要性を深く理解しており、社内外のプライドの源が何かを知っています。そして何が一緒に働く人たちにプライドを植えつけるのかをよく理解しています。

プライドビルダーに注目する経営者は例外なく、彼らが知恵とエネルギーの宝庫であることに気づきます。プライドビルダーは義務的な仕事でもどうしたら人が喜びを得られるかを知っているため、仕事に対するプライドを築き上げる際に力を発揮します。それと同時に、彼らは組織のどの要素がモチベーションの妨げとなっているかもわかっています。また彼らの行動は、フォーマルで体系的なコンピテンシーモデル（マネジャーに求められる資質やスキルの一覧）の中で見落とされた部分や隠れた部分を体現しています。彼らは常に仕事そのものからプライドを植えつける方法を探しています。これにより部下がベストを尽くせるための取組みに力を注ぐことができるのです。つまり彼らは規則や金銭的報酬、決まったプロセスに頼らず、部下を内面から動機づけすることで結果を出すのです。

とはいえ、プライドビルダーは「人付き合いが上手で仕事場を楽しくしようとするマネジャー」というー般的なイメージとは異なります。プライドビルダーは結果に焦点を当て、チームを高い水準に保ちます。本質的に、部下が仕事から喜びを見出せれば結果を犠牲にしてもよいとは考えていません。彼らはその両方を達成するのです。

他人を動機づけしてプライドを持たせるという面から見ると、三つのタイプのマネジャーが挙げられます（図表「マネジャーのタイプ別比較」を参照）。一般的に「優秀タイプ」のマネジャーは、主にプロセスや成果指標に精通することで結果を出します。「人間関係重視タイプ」のマネジャーは、職場に楽しい雰囲気をつくろうとします。お菓子の差し入れや金曜午後半日休みといった、ちょっとしたご褒美を好むマネジャーです。もう一つが「プライドビルダータイプ」のマネジャーです。

「優秀タイプ」のマネジャーが現場スタッフの動機づけに苦労するのは、スタッフを一人ひとり違う個人やインフォーマルな人間関係の集まりと考えず、同じ歯車が集まった一つの塊と考えているからです。そのため組織の業績に応じて、インセンティブを全員に均等に与えるフォーマルな仕組みがスタッフを動機づけする最良の方法だと信じています。他にもこの方法であれば一人ひとりの違いを気にする必要がないので、時間を効率よく使うことができます。

どんなに優れたプライドビルダーであっても、現場の全員をいちいちそれぞれにあったやり方で動機づけするのは不可能です。しかし、全員を同様に扱ってしまうと、特にやる気の高い部下の成功や

図表　マネジャーのタイプ別比較

	「優秀タイプ」マネジャー	「人間関係重視タイプ」マネジャー	「プライドビルダータイプ」マネジャー
重要視するもの	定量化できる結果	人の気持ち 好かれること 楽しむこと	個人の成功を定義して会社のニーズとつなげること 部下に全力を出させること
意思決定時に心がけること	公平かつ合理的であること 効率と決定事項の定量的な影響に集中すること 全員を平等に扱うこと	チームと問題点全体を検討すること 理由を説明しつつ自分も参加すること 個人的に人気が出ること	スタッフを問題解決に積極的に巻き込むこと 完全に賛成できなくとも部下自身の考えで継続させること 対立した意見の優れた部分を利用すること
人材開発のやり方	フォーマルな人材開発プランに沿って、潜在能力の高い部下だけを育てる 主にフォーマルな金銭面での報酬と昇進を利用する	コネクションを利用してお気に入りの部下が成長する機会をつくる	スタッフの自己開発を強力にサポートする 自らが模範行動のモデルとなる 各個人には必ずベストを尽くさせる
どのように評されるか	「本当に優秀なマネジャーだ。サムが責任者だと安心する」 「仕事を達成するためのツールを与えてくれる」	「やりやすい人だ。数字よりも人間を信頼してくれる」 「本当にサムのことが好きだ。彼は他人から愛されるのが好きな人だ」	「彼を絶対に失望させたくない」 「サムは私を信用してくれる。それが私を人や社員として成長させ、さらに成長したいと思わせてくれる」 「一緒に働くのは簡単ではないが、いつもエネルギーをもらえる」

向上心を見逃してしまうことになります。個人の行動に対して秩序立ててエネルギーを与えるカギは、インフォーマルな組織によって個人それぞれのモチベーションとなる経験をさせることだと我々は考えています。これがフォーマルな仕組みを補完しつつバランスを取ることにつながります。そして大勢の従業員の間に、一貫性のある効率的な行動を保つ上で役立つのです。

政治の世界に学ぶ：思いもよらない動機づけ

あらかじめ書いておきますが、政治が嫌いな方や二〇〇四年の米国大統領選挙に強い政治的意見を持たれている方は、このセクションの内容に賛成できないかもしれません。ここでは、共和党の選挙対策参謀だったケネス・B・メルマンを成功例として取り上げます。我々のメルマンに対する興味は、その政治的な意見に関してではなく、優れた公的機関のリーダーが、リスクが大きく難しい状況の中でどのように組織のフォーマルとインフォーマルのバランスを取ったのかということにあります。

政治的立場は別として、我々が見る限りメルマンは他人をその気にさせる達人です。民主・共和両党のリーダーともメルマンのそうした能力について肯定的に評価しています。

ジョージ・W・ブッシュの大統領再選を目指した二〇〇四年の共和党選挙運動責任者を引き受けた際、メルマンにはこれが大変な選挙になることがわかっていました。どのような選挙戦も、さまざまな人のうらみつらみや利己主義、そして個人的な野心でがんじがらめの状況を舵取りしなければなりません。アメリカ大統領選挙はその最たる例であり、それゆえ最も複雑かつ難解なのです。

大統領選挙の選挙運動責任者はいずれの党でも、突然生まれた予算数百万ドルの組織の実質的なリーダーとなります。選挙活動はその数百万ドルの基金を使って一八カ月展開された後、組織は消滅します。選挙を成功させるには、毎日のように発生する予想外の変化に迅速に対応する必要があります。これには非常に強いリーダーシップとマネジメント、組織づくりの力が求められます。

それ以上に厳しかったのは、当時ブッシュの支持率が五〇%を切り、不利な状況にあったことでした。大統領選挙の結果を最も正確に予測するのが現職大統領への支持率であり、過去の選挙で支持率が五〇%を切った大統領が再選したことはありませんでした。「選挙が近づいた時、大統領はとても厳しい状況におかれていた」とメルマンも我々に語っています。

開始時に最悪の状況であったにもかかわらず、ブッシュは五一%の票を獲得して勝利しました。勝因の一つ（もちろん、メルマンが言うように理由はこれだけではない）は、選挙チームのインフォーマルな組織を使い感情的な部分に働きかけることで、スタッフに自らの仕事に対して強いプライドを持たせたことでした。

メルマンが選挙チームでトップに立てたのは、そのリーダーシップに加え、組織のフォーマルとインフォーマルの統合を決してあきらめない性格と考え方のおかげだと言えます。メルマンは自分を人間関係より数字の結果に関心があると言い、数字で考えることを好む強気な戦略家だと評しています。その秩序好きは私生活にも表れており、毎日一時間半のトレーニングを行い、夜は六～七時間の睡眠をとります。「本当にやりたいことのためなら時間はつくれる」というのが彼の考え方です。

メルマンは、自分が人当たりがよいかどうかはほとんど気にしていませんが、インフォーマルの重要性は十分すぎるほど理解しています。厳しい選挙の世界において、感情的に肩入れしてくれる熱心な支持者は「いれば好ましい」のではなく「いなくてはいけない」存在なのです。

プライドが人のモチベーションにつながるとメルマンが気づいたのは、子ども時代の経験によるものです。彼の父親は幼いメルマンに向かって、ニューヨークのドアマンは自分の仕事にプライドを持っていると話したことがありました。それは彼らがニューヨークという偉大な、そして世界で最も重要な都市の一部をなしていると感じているからだというのが理由でした。このことはメルマンの心に深い共感を生み、それが今も彼の仕事に影響を与えています。

彼は当時から直感的にプライドビルダーの概念を理解していました。その後、メルマンは「適材適所」を実践し、各自の長所を組み合わせたチームをつくり、人に仕事の喜びを感じさせることを強く奨励するようになったのです。

書類チェックにプライドを持たせる

選挙戦は刺激的なものですが、日々の仕事は長時間にわたり、厳しく、しかも退屈なものもあります。本来の目的から遠く離れているように見える仕事で、人々に最高のパフォーマンスを維持させるのは難しいことです。候補者が演説やコメントする内容の事実確認は退屈な作業ですが、事実を間違えると候補者をメディアの厳しい攻撃にさらすことになりかねません。

現在、ホワイトハウスには大統領が目を通す前に書類をチェックする部署があります。しかし、二〇〇〇年の選挙の時点ではそのような部門はありませんでした。往々にして緊急で書かれた書類には多くの間違いがあります。そのためメルマンは二〇〇四年の選挙運動初期に、すべての正式書類のチェック・確認を行い、書類を「ホワイトハウスレベルの質」と彼が呼ぶ状態に仕上げる三名の担当者を任命しました。これは外部からはあわただしく見えるものの、実際は詳細な確認と熟考を必要とする仕事です。メルマンはこの書類のチェック役の机を自分のオフィスのすぐ隣に配置しました。目立つ配置をすることで、あまり魅力的でない仕事に三名がプライドを持ち、他の選挙スタッフの目にもよく映るだろうと考えたのでした。さらにメルマンはさり気なく、しかしみんなの目につく場所で、彼らに対して頻繁に感謝の意を伝えていました。

全スタッフの秘めた能力をチームのために役立てるには、その役割に関わらず、それぞれに感謝の意を表し、自らの仕事を気持ちよくこなしてもらえるようにする必要があります。事実確認の担当者を目立つ場所に配置するといった動きを通じて、メルマンは実際に口に出して言わなくとも、常にチーム全員に対して強いモチベーションとなるメッセージを送っていました。それは次のようなメッセージです。

「我々全員が特別な取組みの一部を担っている。その役割が何であれ、重要なことに違いはない」

敬意をはらってほしければ、まず自分が敬意をはらう

その考えが正しいかは別として、メルマンは共和党が民主党に比べて伝統的にメディアと良好な関係を結ぶのが下手だと考えていました。昔からの敵対関係、イデオロギーの違い、個人的なスタイルなど理由は何であれ、共和党はメディアとの関係をうまく利用できていないと考えていたのです。

「党がプレスを警戒すると、プレスが党に不信感を抱く。これでは雪だるま式に関係が悪化していく」と彼は言っています。

メルマンはこの仕組みを変えようと乗り出しました。広報チームとともに三つのプランを策定しました。第一に、彼らが定期的に記者と直に接触すること。第二に、その際は丁重な態度で接し、政策

に対する質問とその検証機会を与えること。第三に、プレスがキャンペーンスタッフに個人的な親近感を持てるような施策を考えること。

第三のプランで難しかったのは、記者と選挙スタッフが気持ちよく交流し、信頼関係を築ける方法を考えることでした。「プレスが候補者について必ずしもよいことを書くとは限らない」とメルマンは言います。

「しかし彼らを丁重に扱えば、少なくとも偏った意見は書かないはずだ」

メルマンはスタッフがプレスと丁重に接すれば、記者もそれに報いることを知っていました。メルマンはこの方法をチームのモチベーションを高めるプライドの源としても使っていました。

権限を周囲に移譲する

たいていの選挙運動責任者と同様、メルマンは支出の管理や人の採用にはすべてフォーマルな方法を使いました。他と違ったのは、フォーマルな権限を使ってインフォーマルな方法で積極的に新しい試みを奨励したこと、また仕事に打ち込む姿勢と責任感を生み出したことです。メルマンは即座に決定し、実行できるあらゆる権限をスタッフにほぼ与えました。それにより指示に一貫性を欠くリスクを軽減する一方、スタッフからの全面的なサポートを得ることに成功しました。メンバーが決定権や実行権を持てば誇りを感じることがメルマンにはわかっていたのです。

二〇〇〇年の選挙の際、メルマンは地方の選挙マネジャーとして活動しました。そのとき、米国全土におけるあらゆるレベルの支持者団体がどのようなニーズを持っているかを学ぶ、貴重な機会を得たのです。この経験を通じ、メルマンはトップによる管理が現場の要望をほんのわずかしか考慮していないことを確信します。二〇〇四年の選挙で責任者を引き受けた時、メルマンはまず全体の大まかな予算を決定しました。その後、地域の責任者と会い、それぞれの地域により合ったものへとプランの微調整を行いました。「自分のやり方はトップダウンのマネジメントではないことと、予算を策定したがおそらく正しいものではなく、過去の経験から算出したものに過ぎないことを伝え、未来の予算を教えて欲しい」と地方幹部には率直に伝えたと言います。

選挙活動が始まると、メルマンは月に一度各担当分野の責任者と会い、状況を確認して、予算の調整を行いました。

その結果、地域の責任者は自分が予算を決めたという実感を持つようになりました。予算を注意深く使うようになり、枠を超えることはありませんでした。地域の責任者たちは、メルマンが自分たちを信用して予算を任せてくれたことを誇らしく感じていました。予想外の事態や急激な変化が起こった場合、「リーダーは下からの指示に従わなければならない」というのがメルマンの前提でした。

メルマンは成果指標についても同様のアプローチを使いました。偏執的とは言わないまでも、ほとんど何についてもパフォーマンスの成果指標をつくることを徹底して行いました。たとえば、州ごとに新しく登録された投票者数を調べ、地域別のチームと連携して目標得票数を設定しました。各州のチームは成果指標の作成に時間と労力をかけたことから、懸命に目標を上回る達成を目指しました。この熱意がチームをさらなる成果指標の導入へと動かし、それにより選挙活動の効果をさまざまな角度から確認することにつながり、チームはさらに大きなパフォーマンスへと活気づいていったのです。

「組織の中間層が成果指標づくりに積極的に参加すると、彼らは一緒に作成した成果指標に親近感を覚え、結果として、成果指標をトップダウンによって押し付けられたと感じなくなる」

面白いことに、彼らは成果指標の作成と達成にもプライドを覚えていました。

＊　＊　＊

どのように部下や同僚のモチベーションを上げるのか、またはどのように行動を変えさせるのかは、遅かれ早かれ我々ビジネスマンが直面する問題です。大企業の場合、フォーマルなトップダウンによる指示の中でいかにモチベーションを上げるのかが課題となっていますが、優秀な企業ではモチベーションに関わる三つのベクトルをうまく利用しています。トップダウン、ボトムアップ、同僚同士の三つです。

おそらく今日最も見過ごされているのは同僚同士でしょう。同僚からの尊敬は強力なプライドの源であり、モチベーションにつながるものです。特に仕事での協力関係から生まれた、互いに尊敬し合う仲であればなおさらです。モチベーションを上げるのが上手なリーダーは、できる限りいつも部下を同僚として扱います。

仕事やパフォーマンスに対する同僚からの尊敬は、間違いなく強力なモチベーションの源です。これはIDEOやマイクロソフト、米国海軍特殊部隊といった献身的な文化を持つ組織の重要な特徴となっています。もちろんこれらの組織でも階層は存在し、パフォーマンスの責任を果たす上で重要な要素となっています。しかし、同僚からの尊敬も階層と同じように影響を与えるのは明らかです。我々の研究の中で最高の業績を上げている組織はほとんどすべてが、同僚の間の連携を活用して仕事そのものに対する強いプライドを根づかせていました。

第5章　価値観が組織を動かす

同じような価値観を表明している二つの有名な組織を考えてみましょう。組織Aでは、「コミュニケーション」、「尊敬」、「誠実」、「卓越」を企業の価値観として提示しています。この価値観は同社のウェブサイトや社員マニュアル、会社のイベント時に配付される携帯用のカードにも記載されています。しかし、社員調査の結果をみると、社員が価値観に対して実際どの程度納得しているのかについて、大きな不安を感じるデータが見つかります。社員は価値観に異議があるわけではありません。このような四つの言葉には異議があるはずはありません。ただ意思決定や行動する際にこれらの価値を思い出さないだけなのです。

組織Bの価値観は「信用」、「勇気」、「責任感」です。組織Aの価値観に比べると少し異なるものの、さほど大きく変わっているわけではありません。本当の違いは価値観が実際の重要行動の決定にどのように関連しているかどうかなのです。この組織では全員が価値観についてオープンに話し合い、文字通り人命に関わるような決定を常にこの価値観のもとに行っています。

二つがどこの組織がわかるでしょうか。Aはエンロンです。ご存じのようにエンロンは、二〇〇一年に巨額の不正経理があきらかになり倒産しました。エンロンのCEOであったジェフ・スキリングは現在服役中で、今も裁判所に上告しています。Bは米国海兵隊です。海兵隊は過去二〇〇年以上にわたり高いパフォーマンスのエリート組織を維持し、困難な戦いに何度も勝利を収めてきました。

二つの組織の決定的な違いは、価値観を生きたものにするためインフォーマルな組織を使うか使わないかにあります。エンロンは価値観を表明していたものの、それは紙に書かれた単なる言葉に過ぎず、スピーチやプレゼンで便利に使われていただけでした。海兵隊は価値観に導かれる組織です。そこには価値観が息づいており、日々の行動や意思決定を行う際に生かされています。

組織の羅針盤としての価値観

価値観は「何が重要か」、そして「どのような行動がその重要性を反映するのか」についての信条です。企業が従業員の一挙手一投足を個々に指示することは不可能であり、すべきでもありません。代わりに価値観が、いわば北極星のように行動と意思決定を行う際の基準となるのです。価値観はリーダーの行動により命を吹き込まれ、周囲に誰もいなくても従業員に正しい選択をさせるのです。

たとえば、マッキンゼー・アンド・カンパニーでは、難しい状況に遭遇すると「こういうときマービンならどうするだろう」と考えるのがシニアディレクターの間で一般的になっています。マービン・バウワーは二〇〇三年に亡くなった同社の伝説的な創立者です。彼のプロフェッショナルな考え方と卓越したクライアントサービスという価値観、またそれを実際に日々実践したことは、同社だけでなくコンサルティング業界全体に現在も影響を与えています。

価値観はフォーマルとインフォーマルのいずれの形でも存在します。明文化できるものは、フォーマルな価値観です。価値観はトップが発表して、全階層にわたって広まっていきます。しかし、価値観を立派な声明文から社員の生き方にまで高めるのは、インフォーマルな組織なのです。価値観に導かれた組織の場合、価値観は組織全体で共有され広まっていきます。しかしこれはフォーマルな組織を通してだけではなく、従業員が一貫して価値観通りに言行を一致させていくことを意味します。価値観は組織が競争に勝つ上で役に立ち、成功は価値観をさらに強固にします。もちろんそのようなレベルで、本当に価値観に導かれているといえる組織はほとんどありません。

米国海兵隊、サウスウエスト航空、その「クレド（信条）」で有名なジョンソン・アンド・ジョンソンなど価値観で導かれたいくつかの有名な組織があります。次に挙げる例はあまり知られていないかもしれませんが、その可能性と難しさをよりわかりやすく示すものです。

ジェントル・ジャイアント：価値観が生み出す顧客サービス

長距離を運転したり、重い荷物を運搬したり、大きくて運びにくい家具を運び出したりするのは、魅力的な仕事とは言えません。汗をかき、筋肉痛になる単純な仕事です。にもかかわらず、ニューイングランド地方に一六の支店を持つ運送会社ジェントル・ジャイアントの従業員は自分たちの仕事が好きなのです。ジェントル・ジャイアントの従業員は、荷物の上げ下ろしやトラックでの運搬を非常に熱心かつ精力的に行います。顧客へのサービスが悪く、人の入れ替わりが激しいと有名な業界にあって、ジェントル・ジャイアントは実力のある熱心な社員を雇い入れ、彼らを精力的に仕事にあたらせています。これは同社の従業員が価値観を実行しようと真摯に努力しているからです。

ジェントル・ジャイアントのCEOラリー・オトゥールに面会した際、我々は彼があまりにも大きいことに驚きました。アイルランドの農家で育ち、元ハーバード大学のボート選手である彼は、リラックスした面持ちで見上げるような高さの身長でした。この体格のよさは彼の会社の従業員にも共通していました。

ラリーがジェントル・ジャイアントを始めたのは、運送業には品質の高い顧客サービスに強いニーズがあると考えたからです。ハーバード大学を卒業後、ラリーは大企業でエンジニアとして働いていました。しかし満足できず、自分でビジネスを始めたいと考えていました。そこで仕事を辞めて起業を検討する間、家賃を稼ぐために運送会社に勤めたのです。そこでの肉体労働は子どもの頃に過ごした農場を思い出させてくれました。またラリーは自分が肉体労働を楽しく感じていることにも気づきました。他にもラリーが気づいたことがありました。顧客がラリーの荷物の運びかたをとても好ましく思っていたことです。他のスタッフは荷物を運ぶのが遅い上に不注意でした。しかしラリーは素早い上に注意深く、愛想もよかったのです。

ラリーは自分が他の運送会社ではできないサービスを提供できると考えました。そして、ボストンの新聞に一七ドルで広告を出したのです。新聞広告は反響を呼び、ラリーは小さなトラックを使って一人で運送会社を始めました。

今日、ジェントル・ジャイアントは成功を収め、東海岸地区で急成長を遂げています。同社は米国の商事改善協会（BBB）や『ボストン・マガジン』誌、ボストン商工会議所などからたくさんの表彰を受けています。二〇〇七年には『ウォール・ストリート・ジャーナル』紙が選ぶ中小企業トップ一〇にも選ばれました。

価値観を仕事に結びつける

ジェントル・ジャイアントと同じ価値観を他の会社で見ることはほとんどないでしょう。ジェントル・ジャイアントの価値観とは「熟練した運動能力」、「チームワーク」、「顧客への個人的な思いやり」の三つです。ラリーは仕事そのもののチャレンジに関連した価値観こそが素晴らしいパフォーマンスを生むと考えています。この三つの価値観は競合他社との差別化だけでなく、引越という業務そのものに必須です。それと同時にこの三つの価値観は、普通の人よりも将来性のある従業員を引きつけ、モチベーションを高め、その共感を得る意味でも欠かすことができません。

ラリーは価値観の中でも一番に運動能力（特に上半身の強さ）を強調しています。これにははっきりとした理由があります。引越はきつい仕事であり、きちんとこなすためには従業員は肉体的にコンディションを整える必要があります。二五年前に会社を創業した時、ラリーはスポーツマンを勧誘しました。ぞんざいな態度で、長いタバコ休憩を取っては階段をのろのろと上り降りする一般的な運送屋は雇いませんでした。ラリーは強い上半身を持ったスタミナのあるボート選手のようなスポーツマンを望みました。今日もジェントル・ジャイアントの引越スタッフやオフィスのスタッフは元ボート選手が多く、社内でもボート用語が多く使われています。たとえば、ジェントル・ジャイアントの引越スタッフはダンボールをトラックではなく「ボート」に積み込むと言っています。

ジェントル・ジャイアントの新人スタッフには、会社の伝統に基づいた多くのトレーニングが課されます。新人スタッフは、全員ハーバードスタジアムの一二〇段の階段を三七回往復します。ジェントル・ジャイアントの価値観である運動能力とチームワークは実際に使われているのです。全員がこの儀式を行う必要があります。スタジアムの階段往復は全員の記憶に残る経験となります。ラリー自身もできる限りこの階段上りに参加しています。

スタジアムを走るのは楽しく人間関係を築くことにも役立ちます。しかし基本的に家具を運ぶ仕事には運動能力が要求され、新人スタッフは、これを「ジェントル・ジャイアント一〇一」と呼ばれるトレーニングコースを通じて学ぶのです。仕事を始めた後も彼らは頻繁にＯＪＴを受けます。ピアノを運ぶといった基本的なスキルから、陶磁器の包み方やぐらつく階段でアンティークの机を下ろすときの要領も学習します。これらは五〇の専門講義に分かれていて、すべて習得すると従業員はシールを受け取り「パスポート」に貼りつけます。これが従業員のトレーニングとスキル習得の進捗記録になると同時に強いプライドの源となっているのです。

物語を通じて価値観を広める

ジェントル・ジャイアントのトレーニングディレクターであるブライアン・コールマンが、アイルランドから初めて米国に来た時には、今はもっとスケールが大きい何か素晴らしいものへの途中段階だと考えており、引越の仕事が自分の長年の仕事になるとは考えていませんでした。現在、ブライアンはジェントル・ジャイアントと他社との差別化を図るため、新人スタッフの教育法について日々考えています。彼はフォーマルなトレーニングでは一〇％しか教えることができないと言います。残り九〇％はボート、すなわち実際にトラックを使った業務でしか学べないのです。

運送会社のスタッフはある家から別の家への移動中に、面白い話をしたり仕事を教えたりしながら長時間一緒に過ごします。ブライアンはこれを知っていて、スタッフのグループを入れ替えることでこのような話が組織内により早く浸透するようにしました。

ブライアンは大型タンスを狭い階段で五階まで運び入れるのに苦労して引越スタッフの話をしてくれました。五階までうまく運んだものの、タンスが大きすぎて部屋に入れることができませんでした。主任は顧客に誠心誠意謝りました。しかし顧客はこれを結論とは受け取りませんでした。

「どうしてジェントル・ジャイアントに頼んだか知っているかい。ジェントル・ジャイアントが一番いいと聞いたから頼んだんだ。もしそれが本当ならなんとかできるはずだろう」

主任とスタッフは困ってしまいました。そしてブライアンなら何か思いつくかもしれないと電話をかけたのです。ブライアンはすぐに駆けつけると答えました。ちょうどブライアンがオフィスを出ようとしたとき、別の主任スタッフが帰ってきました。ブライアンが状況を説明すると、主任はこの仕事から自分に報酬が出ないことを知りながら、ブライアンとともにトラックに乗り込みました。

引越スタッフは全員一丸となって、問題の解決に取り組みました。タンスを再び階段で下ろし、昇降機を玄関の屋根に装備しました。そこから昇降機を玄関まで引き下げ、ついにタンスをアパートの五階まで運び上げたのです。顧客は大喜びでした。道で見ていた見物人も応援してくれました。

この話はジェントル・ジャイアントの伝説になっています。従業員は互いに、また新人スタッフにもこの話を語り継いでいます。それはなぜでしょう。なぜならこの話は、ジェントル・ジャイアントがどのような会社であるかを完全かつドラマチックに表しているからです。同僚、顧客、そして会社の評判のために、他のスタッフが難しい仕事のサポートをするのです。ジェントル・ジャイアントのスタッフにできない仕事はない、ということを言い表しています。

従業員の間で語り継がれるストーリーは、価値観を浸透させ行動に駆り立てる自然かつ効果的な方法です。この種の話は価値観に基づいた行動を表しており、価値観がどのように実際の場面で適用されるかをスタッフに伝える上で役に立ちます。ストーリーを語ること自体がとても人間的で感情的なことです。成功談はスタッフ全員に浸透するものです。それにより人々の言動が一致し、スタッフは自分がその話に関係なくても感情移入します。さらに成功談は何度も繰り返されるでしょう。

顧客による価値観の強化

引越スタッフは顧客と身近に接するため、会社の価値観が実践されればすぐにフィードバックを受けます。顧客が緊張して息をつめて見ているような場面で、ジェントル・ジャイアントのスタッフが大切な家具を素早く上手に運べば、顧客が大喜びする反応に直に触れることができるのです。ジェントル・ジャイアントのスタッフは熟練した運動能力が重要だと強く信じているため、荷物を家に運び終えた後、よくトラックまで走って戻ります。引越をスピードアップさせ、さらに同時に自らを鍛えるため以外にも、こうした情熱と優れた運動能力が顧客を驚かせ、特別な引越業者に任せているると思わせるのです。顧客の存在、顧客を満足させようとするスタッフのプライド、そしてリーダーが現場で与える叱咤激励がスタッフの行動に影響を与えます。

引越スタッフが現場に到着すると、メンバーは顧客の家族一人ひとりに自己紹介することが慣行になっています。また引越と関係ないことであっても、手伝い（乾燥機の服を取りだす、ゴミ出しを手伝うなど）を申し出ます。

運動第一、そして創業者の熱意という社内文化のもと、ジェントル・ジャイアントのスタッフは顧客の役に立つこと、そして迅速な仕事をすることに全力を尽くします。価値観、チームワーク、社内で語られる成功談、顧客の役に立つことで得られるプライドのすべてがそれぞれを強化し、日々の行動に影響を与えています。ジェントル・ジャイアントの料金は他社より割高ですが、ラリーによると大抵の顧客は引越開始から二〇分以内に「高いだけの価値がある」と納得してくれるそうです。

リライアント：新しい価値観に息吹を吹き込む

二〇〇二年、ヒューストンを拠点とするエネルギー会社リライアントは、将来の見通しが立たず手詰まりになっていました。テキサスの電力市場において規制緩和が始まり、毎日のように新たな競争相手が市場に参入する状況だったのです。同社は規制緩和された市場に向けた準備を整え、新たな競争に立ち向かう必要がありました。当局に働きかけることで業績が上がる時代は終焉を迎えており、可能な限りコストを抑え、顧客獲得に向けた競争に打ち勝つ必要があったのです。

同時に、ヒューストンの企業で同じくエネルギー会社であったエンロンの崩壊がリライアントに深刻なショックを与えました。ウォールストリートでエンロンが評価されていた時代、リライアントはエンロンをモデルとしていました。エンロンが恥辱のスキャンダルで崩壊した際、リライアントは「エンロンのような」というレッテルからなんとか距離を置きたいと考えました。

エンロン崩壊は衝撃的であり、リライアントの従業員は自分たちも同様の運命をたどるのかと疑問を感じ始めていました。人事のシニアバイスプレジデントであるカレン・テーラーによると、多くの従業員が「沈みゆく船に乗っている」ように感じていたと言います。

二〇〇二年の貸し渋りで会社の財務健全性が圧迫されたことで、情勢はさらに厳しくなりました。リライアントはその少し前にニューヨーク州でいくつかの発電所を購入しており、資産の流動性を欠いていたのです。貸し渋りが悪化するにつれ、いくつかの債務の返済を迫られました。経営陣は至急返済に充てる現金を工面する必要がありました。二〇〇一年五月の上場後一時は三〇ドルであった株価が、二〇〇二年一〇月には一ドルを切っていました。市場での支援先も見つからず、キャッシュもほとんどない中、債権者から返済を迫られ、リライアントは倒産の危機に立たされていました。

しかし、経営陣はこの最悪の危機から会社を救ったのです。いったいどうやったのでしょうか。答えは、インフォーマルを利用することでフォーマルなものに対して活力を与えたことでした。

価値観を第一に

まず、リライアントの役員会は、広範な経験と会社建直しのプロとしての評判をもとに、二〇〇三年四月にCEOを同社の役員であったジョエル・スタッフに交代させました。

問題はリライアントが本当に復活できるかということでした。リライアントには七八億ドルの負債があったのです。年間売上二九〇億ドル、総資産三二〇億ドルの会社には重すぎる負債でした[1]。もちろんスタッフはコスト削減、人員整理、プロセスのスリム化など数多くのフォーマルな仕組みを一早く実行する必要がありました。しかし、スタッフと経営陣はトップダウンの命令には限界があることを知っていました。リライアントは新しく生まれ変わる方法を見つける必要があったのです。

今後必要となる難しい選択やその後の大きな変革に対して従業員の支援を得るには、価値観に導かれた社内文化が重要になるとスタッフは考えました。会社全体が行動を決める際は価値観を主な道標とすること、また戦略・オペレーションの必須事項は強い意思を持って実行すること、これによりリライアントは自ら立ち直れるとスタッフは信じていました。

CEOに任命されると、すぐにスタッフは経営幹部たちを社外に招集し、行動計画とその規範となる価値観の具現化に取りかかりました。コマーシャルオペレーション部門のシニアバイスプレジデントであるデビッド・ブラストは言います。

「ジョエルは我々に基本に立ち戻って考えさせたのです。社内ですでに奨励したい行動をしている従業員を想定させました。この『行動モデル』を検討することで社内に浸透させたい価値観を特定することができたのです」

社外でさらに議論と検討を重ねた結果、スタッフとシニアリーダーは次の三つの基本的価値観に注目しました。

- **真に裏表のない誠実さ**
- **協力、サポート、尊敬**
- **オープン、率直さ、頻繁なコミュニケーション**

言葉自体はめずらしいものではありません。しかしこの価値観はほとんどのリライアントの従業員が直感的に信じ、リーダーと従業員に対して同じように感情的に訴えるものを表していました。そしてこれが社内と社外の双方に信頼と信用を築くのに役立ったのです。

リーダーが行動で示す必要性

会社を新しく生まれ変わらせるには、社内の全従業員が義務感から価値観を口にするだけではなく、日々の行動と意思決定の中でその実践法を見つける必要があったとスタッフは言います。その時点でスタッフは既に、シニアリーダーシップチームのメンバーとして、社内への浸透が必要な価値観のモデルとなる人物の選定を開始していました。組織に対して価値観に沿った行動を求めるのであれば、上層部の覚悟と行動を通して示す必要があるとスタッフは考えていたのです。

スタッフはさまざまなバックグラウンドと経験を持つシニアリーダーを頻繁に招集しては健全な議論を促し、進捗状況について重要な情報を共有しました。リーダーたちは徐々に団結を強め、意思決定する際に価値観を引用するようになり、価値観に基づいて行動した従業員がいればそのエピソードを広めるようになりました。

エンロン事件を受けて、リライアントでは真に裏表のない誠実さが価値観として特に重要となりました。リーダーにとっての完全な誠実さとは、率直さとオープンさ、かつ正直であることを意味し、ごまかすことは許されないというものでした。この価値観がリライアントとエンロン（皮肉なことにエンロンも誠実さを価値観に挙げていました）との違いをはっきりさせました。従業員は会社に対してプライドを持つようになり、これが意思決定の際に考慮すべき重大な価値観となったのです。

シニアリーダーチームはフォーマルにもインフォーマルにもコミュニケーションをオープンにし、すべての機会で従業員に正直であることを通じて価値観を浸透させていきました。たとえば、スタッフのチームは毎週違うリーダーと従業員のグループで行う「火曜会」というインフォーマルのランチ会を設けました。この席で組織全体を通じて従業員がシニアリーダーと直接話すことで現況を理解し、会社の将来について妥協のない質問をし、腹を割って話を聞ける機会を提供したのです。

スタッフによれば、最も多い質問は予想通り「自分の仕事はどうなるのか」だったそうです。責任を持ってオープンかつ正直であろうと決めていたことから、火曜会を行うシニアリーダーは問題点について話すことを回避しませんでした。代わりに次のように答えたのです。

「今の君の仕事だけでなく、その他の仕事も保証することはできない。ただし、これだけは保証する。できるだけ多くの仕事を守るため、できる限りのことを全員でやりきる」

火曜会は非常に人気が高く、しかも効果的であったことから、参加者をくじ引きで決めるほどでした。火曜会はリライアントの生き残りを真剣に考え懸念する従業員を結びつけ、インフォーマルなネットワークを強化したのです。不安定な状況と不確実な情報で混乱していた従業員にとって、シニアリーダー率直な答えが得られる機会は、不安とストレスを和らげることになりました。実際に参加できる人数は少ないものの、参加者が上層部の答えを組織に伝えるのは明らかです。それはインフォーマルなネットワークと同僚間のつながりを通して驚くべき速さで伝わっていきます。

コミュニケーションの透明性を保つとした経営幹部の決意も固いものでした。たとえば、スタッフは毎週ボイスメールを全従業員宛てに送っていました。内容は業績の報告で、しばしば会社の方向性や現況に関する誤った噂を一掃するのに役立ちました。

周囲を見習う

経営幹部がコミュニケーションの場を設けたことで、管理職が同様の行動を始めました。たとえば、カスタマーケア・グループの管理職であるマイク・カズナーは、火曜会を参考に「マイクを囲む会」の名称で食事会を始め、顧客サービス部門の所属であれば誰でも参加可能としました。マイクは難しい質問を真摯に受けとめ、真剣に回答しました。失業を心配している従業員にとって、これは会社の業績をありのままに知るのによい機会になりました。マイクは会社が直面している問題の大きな枠組みの中で、サービスチームの日常業務がどのように関連しているかを説明しました。最終的にリライアントは生き延びることに成功し、株価も元に戻り、ほとんどの社員の雇用を維持しました。インフォーマルな組織は従来以上に強固なものへと成長しました。

リライアントのような事業再生の場面において、リーダーはフォーマルな仕組みや方策に頼りがちです。コストの削減、管理の徹底、トップからのメッセージや指示といったものに走りがちです。これらはリライアントでもすべて行いました。ただ、リライアントのリーダーは他の組織と違っていました。彼らは必須であったフォーマルな施策を、組織全般の重要な行動を支援する価値観に導かれたインフォーマルな努力で補完することにより、急速な回復をなし得たのです。

残念ながら、リライアントの厳しい局面はこのV字回復では終わりませんでした。さあ、これからという時、想定外の外的要因が襲いかかったのです。二〇〇八年、ハリケーンがリライアントの主要市場の一つであるガルベストンの街を破壊しました。その年の後半には世界的な金融危機が起こり、ハリケーンからの復興にリライアントが必要としていた金融支援が得られなくなりました。二〇〇九年、最終的にリライアントはNRGエナジー社に買収されました。しかし、これらはどれもリライアントが成し遂げた再生の奇跡を否定するものではありません。

大事なのは、危機から立ち直ったことは一つの成功だということです。価値観という推進力により難しい局面を切り抜けた力は、価値観をうたいながら実践していない会社と一線を画するものです。

類は友を呼ぶ：価値観の伝達

人は自分とよく似た人を探し求めます。共通の価値観を持つことは、グループの団結を保つ力となります。あるグループではタイムリーな対応が重視される一方、他のグループでは柔軟性が重視されます。人は同じ価値を共有し、同じ偏見を持ち、同じ状況にある相手に惹かれるのです。

インフォーマルのネットワークを調査する際、回答者には誰と一緒にいることが多いかを聞くのがいいでしょう。同じように共通の価値観に優先順位をつけてもらうこともできます。これにより、ネットワーク内の小さなコミュニティでは同様の価値観が共有されていることがわかります。たとえば、「創造性」を優先とするエグゼクティブは同じ価値観を掲げる人たちとのつながりが強く、「時間を浪費しない」を価値観とするエグゼクティブとはつながりが薄いものです。これは「同胞愛（homophiy）」として知られる原理で、自分と似た人たちと結びつきを強める傾向があるという意味です。これはインフォーマルな組織において、価値観とネットワークが、重要な相互関係を持っていることを示しています。

『ニューヨークタイムズ』誌に「社会的な伝染（social contagion）」、すなわち人との付き合いにおいて親しい間柄で起こる驚くべき行動の変化、と言われる現象に関する記事が掲載されました[2]。「友人が肥満の場合、五七％の確率で肥満になる」とした米医学誌『ニュー・イングランド・ジャーナル・オブ・メディシン』のニコラス・クリスタキスとジェームス・フォーラーの論文について記事は徹底的に調査しています[3]。さらに驚くことに、友人の友人が肥満であれば、身近な友人が太っていなくても肥満になる確率が二〇%あるというのです。同論文の著者は、我々は他人の行動をみて何が普通であるかを判定しているため、潜在意識化で同じ行動が広がると仮定しています。

このことは、マネジャーが組織内での価値観を変えようとする際にも重要です。会社の価値観から導かれる目に見える行動に焦点を当て、そういった行動を奨励することで、マネジャーはネットワークを通じてシグナルを送り、何が当たり前なのかを再定義することができるのです。特にシニアリーダーが言動を組織の価値観と一致させることが重要です。組織内の誰より広範な相手にメッセージを送り、強いシグナルを発することができるからです。

どのような価値観が共有されているのか、水面下でどのようなネットワークが張り巡らされているか、わかりにくい場合もあります。『エコノミスト』誌には驚くような例が紹介されています。カタフォラという電子監査の専門会社の例です[4]。電子監査とは訴訟の弁論準備における電子記録の発掘分析のことで、「対象者が日々使用している広範なデジタル記録(メールやテキストメッセージ、文書、電話、インスタントメッセージなど)から、個人や組織の行動に関する最も赤裸々かつ正確な理解を築く」作業です[5]。

一例として、カタフォラが、詐欺まがいの請求書を発行していた複数の役員が文書の最後にめずらしいフレーズを使って署名していたことを検出した事例が挙げられていました。このフレーズは関係した役員が所属していた大学の社交クラブに関連するものでした。これは人々が小さなネットワーク組織に所属していること、またそれぞれのネットワークがそれぞれの価値観をさまざまな形で発揮していることを示しています。この種のネットワーク網を正しく認識すれば、情報の伝わり方について理解を深めるだけではなく、情報をうまく伝えることに利用することも可能になります。

価値観の重要性に異論を唱える組織はないでしょう。しかし価値観を有効に使って従業員に活力を与えることや、戦略を日々の行動に反映させることのメリットを認識している組織はあまりありません。価値観が組織全体の行動や意思決定に用いられるよう自らの時間を使い、専念しているリーダーはさらに少ないと言えます。往々にしてリーダーは魅力的な言葉を書面にして、組織全体に伝えるだけで十分だと考えています。残念ながらそれで十分ではありません。そして十分でないことで失われる機会は非常に大きいものです。

＊　＊　＊

第6章　パフォーマンスの重要性

我々がインフォーマルな組織について話す時、クライアントの反応はたいてい次のような感じです。
「EQとか感情とか、士気とか自主的な関与とか参加とか、そのようなソフト系の話をされているのですよね」

答えはイエスでもありノーでもあります。インフォーマルな組織は確かに、プライド、つながり、抵抗、恐れ、達成感といった感情に関連しています。しかし、フォーマルの枠の外から人を導くことは、結果としてパフォーマンスやそれを決定する具体的行動に影響を及ぼします。実際のところ、インフォーマルを使うことは結果を早く引き寄せることであり、先延ばしにすることではありません。

スポーツファンならご存じだと思いますが、チャンピオンシップがかかった試合の場合、コーチは感情面について技術面と同様のケアを行います。ビジネスも片方だけではうまくいきません。実際、パフォーマンスに焦点を合わせているときも、インフォーマルな組織が最もその力を発揮するときなのです。人は自分たちの共同作業の成果が、具体的な改善や向上につながることを知りたいと考えています。

スープづくりの意義：成果指標でプライドと業績を高める

エド・キャロランは外食産業向けの冷蔵スープをつくるキャンベルスープカンパニーの子会社ストックポットのゼネラルマネジャーです。エドはスープづくりの達人で、状況に応じたパフォーマンス目標を使って現場の従業員のモチベーションを上げる達人でもあります。

我々はワシントン州エベレットにあるストックポットの工場で初めてエドに会いました。日当たりのよい新しい大量生産用の工場のロビーに入り、受付で尋ねると彼はすぐに来ると言われました。きれいに散髪したユニフォーム姿の生真面目でいかにも技術畑という典型的な工場のマネジャーを想像しながら、彼を待っていました。しばらくすると、山羊のようにとがった髭を生やし、青ジーンズに黒ブーツ姿のキャロランが現れたのです。階段を飛び跳ねるように降りてくると、我々と勢いよく握手を交わして「さあ、工場見学の準備はよろしいですか」と聞いてきました。しばらく後、我々はかつて味わったことのない工場見学を経験しました。それは非常に詳しい説明ながらとても楽しく、わくわくする工場見学で、まるでセサミストリートの話の中に入り込んだかのようでした。

歩きながら話しているうち、キャロランが二〇〇七年一月にストックポットに転職してきたことを聞きました。その頃、ストックポットは再建の必要に迫られていました。キャロランが来る二年前から、ストックポットでは利益率が急激に落ち込み、売上げは連続して下落し、安全性や他のオペレーション上の成果指標でもキャンベルスープグループの中で最下位近くになっていました。従業員のモチベーションもグループ全体中で下のほうに位置していました。

しかし、キャロランの就任から二年間で、彼はチームとともに再建を果たしたのです。初年度に利益率が安定し、翌年は不況の真っ只中にもかかわらず五〇％も上昇しました。市場が不調の時期に改善が難しい成果指標の一つが、工場の稼働効率です。一般的に、改善はゼロコンマ数％ずつ徐々に現れるもので、それでさえたいへんな苦労と粘り強さが必要になります。しかし新たなチームのもと、工場の効率は二三％アップしたのです。従業員のモチベーションスコアは一四％アップしました。誰もが財布の紐を固くする不景気の中、従業員はユナイテッド・ウェイ（米国の寄付仲介機関）の募金キャンペーンでも目標を上回り、前年比二七％増の募金額を達成したのです。実際、目を見張るパフォーマンスの向上を達成しながら、スノホミッシュ郡で最も貢献した会社として、ユナイテッド・ウェイ・コミュニティ・パートナー・アワードを受賞しました。

工場内を見学していても、インタビューで従業員と直接話していても、強い意気込みがはっきりと感じられました。従業員は明らかに自らの仕事に目的意識とプライドを感じているようでした。工場内は目的意識を持ったエネルギーでみなぎっていたのです。

キャロランのチームはどのようにして短い時間でそのような注目すべき再建を達成したのでしょう。彼らはいくつかの限られた数値化可能なパフォーマンス目標に焦点を当てました。これを一人ひとりが自分のものとして、自発的にポジティブな感情を持って実行したのです。重要なのは目標と感情を結びつけたことでした。

成果指標が戦略と日常業務を橋渡しする

キャロランのチームは当初、会社の業績を改善するには大型小売店に重点化してリソースを集中させる必要があると判断しました。それにより大量生産できる能力をうまく利用して、ＳＫＵ（在庫管理単位）数も減らすことができるからです。これはどちらも固定費という観点から重要な考えです。

この取組みの一環として、チームは顧客のストックポットに対する認識を変化させる必要がありました。当時のストックポットは高品質の飲食店用スープとして認知されていました。彼らはそれを家で食べてもおいしいスープとして位置づけたいと考えたのです。

これは賢明な戦略でした。経済情勢が厳しかったこともこの戦略を後押ししました。各家庭の経済状況が苦しかったことが人々をレストランから遠ざけ、スーパーで売っている家庭用の調理済み食材に目を向けさせたのです。

この戦略はストックポットにとってもビジネスのやり方を大きく変える必要性をもたらしました。世界規模の食品小売店に重点化することは、自らの価格・品質・サービスがその高い要求水準を満たすものでなければならないことを意味しました。

変革を推進するひとつの鍵となったのが、キャロランがモチベーションの源となる重要な成果指標に焦点を当てたことがあります。それまで以上に価値観に導かれた組織にするため、従業員が今、価値観をどのように考えているのか知ることが目的でした。キャロランと数人のリーダーは、小規模なグループインタビューを何度も実施しました。参加したのは三五〇人、工場の従業員の大半がその対象となりました。この話合いを通じて、次の四つのことがわかりました。

・従業員は決まりきった定型業務を何年も行ってきたこと
・従業員は定型業務の改善をまったく、もしくはほとんど試みなかったこと

・会社が明瞭な戦略を持っていなかったこと
・業績について誰も公に語らなかったこと、またほとんど何も知らなかったこと

キャロランが予想した通り、従業員は会社がどういう仕事をさせようとしているかはわかったつもりでいながら、その根底にある価値観に対する理解や思い入れをほとんど持っていませんでした。その結果、士気は低く、協力体制は最低で、チームワークはほとんど存在しませんでした。

キャロランはチームとともにグループインタビューで得られた情報を検討して、価値観の候補リストをつくり、それを従業員に配付して最も重要だと思うものに投票してもらいました。キャロランとチームは結果を分析し、価値観をさらに短いリストに凝縮しました。文言を改良し、選んだ価値観が本当に「心に刺さる」ものかを再確認するため、再度三五〇人の従業員とグループディスカッションを行いました。

この広範な全員参加型のプロセスは、従業員に自らの意見や思い入れが重要だと実感させる効果がありました。結果として、できあがった価値観に対して、従業員はお仕着せのリストではなく自分たちのものであるという感覚を持つようになったのです。価値観を結晶化する取組みにおいては、プロセスは結果としてできるアウトプット以上に重要なのです。

工場見学中に、キャロランは貼ってあるポスターを指差しました。そこには「Do what we say you are going to do（有言実行）」と書かれていました。

「このフレーズをみんなが望んだのです。最初は『Do what we say（実行）』だったんですよ。私はそれでいいと思ったのですが、誰かが「ｗｅって誰のことなの?」と疑問を口に出したのです。

それは実にいい質問でした。従業員は皆、それを会社の上層部のことだと考え『上が言ったことをやれ』と捉えたのです。こうした思いと責任について話し合うことで、我々はお互いを理解することができました。その結果、エレガントさには欠けるものの、意味のある一文を採用することにしたのです。Do what we say you are going to do は全員にとっての目標です。そして実際にパフォーマンスを向上させるのに役立つのです」

価値観を設定すると、キャロランはいくつかの必須項目だけに絞ったシンプルな戦略を立てました。これらの項目にはチームの実行力が必要とされます。各項目についてキャロランは一つか二つの成果指標を決めました。たとえば、一般的にとても難解な成果指標で運営管理されているサプライチェーンについても、キャロランは二つだけ成果指標を定めました。顧客へのサービスと一日当たりのスープの生産量（ポンド／日）を成果指標にしたのです。

顧客へのサービスは、今後大手小売店のような要望が厳しい顧客に重点化しようとしている同社にとって、戦略的に重要な成果指標でした。またこれはプライドの源であり、シフトの調整、効率向上、品質管理への感情面でのやる気を強化する成果指標でした。

モチベーションを喚起する成果指標

「一日一ポンド」の話はさらに興味深いものです。キャロランは言います。

「最初は成果指標を労働時間当たりのポンド数にしようと思いました。工場で一時間当たり何ポンドのスープが作られるかを計る、スタンダードな方法です。問題は労働時間当たりのポンド数が働く側にとって意味がないということでした。何ポンドがいいのか悪いのか、どうすれば個人が数字に貢献できるのかがわかりにくいのです」

さらに悪いことに、時間当たりのポンド数にすると、管理側が労働時間を少なくすることで数字をよく見せようと操作する懸念もありました。

「もちろん、それでは戦略的にも意味をなしません。もともと工場の総生産量を上げる努力をしているのですから。しかも、多くの従業員は時給で働いているので、一定の労働時間を維持することは彼らにとって絶対に必要でした。そのお金で生活しているのですからね」

そこでキャロランとチームは、成果指標を工場全体で一日一ポンドに変更しました。「工場の従業員全員が商品を扱っています。準備から充填、そして包装・発送までを行っています」と彼は言います。

「一日一ポンドというのは、わかりやすく意味のある数字です。掲示板の数字が上がっていくのを見ると全員で喜ぶことができます。全員が一つのチームとして仕事をうまく分担し調整するようになるのです。一日一ポンドとは、どのシフトも手抜きせずきっちり成果を出し、周囲を助ける必要があることを意味しています。これにより、たとえば『次のシフトのために清掃し、準備してあげること』がまったく違った意味を持つようになるのです。全員が一日一ポンドを通してつながる感覚です。つまり、一日一ポンドの成果指標は個人にとっても意味があり、協力体制を引き出すことにもつながったのです。

成果指標が成功すると、キャロランはその数を増やし過ぎないよう注意しました。

「成果指標の数は少ないままにして、そこに集中するのです。スコアカードの束に詳しく書き込まなくてはいけないほどに成果指標の数が増えすぎると、全員を本当に重要な方向へと向かわせるのが困難になります。成功するのは、最も重要なことを短いリストにできたチームです。しかし、ビジネスと個人の双方に重要なものを十分カバーする成果指標は必要です。バランスのとれた組み合わせにすれば、最低でも一つは彼らのモチベーションを上げるものがあるはずです」

つまりキャロランは一番重要なものに焦点を当てつつ、さまざまな人たちのプライドに働きかける正しい成果指標を作成したのです。

成果指標を正しい文脈に置く

キャロランは成果指標の確認に見やすくてわかりやすい方法を取り入れました。最も重要な五つの成果指標は、工場の液晶スクリーンに信号と同じ意味を持った緑、黄、赤で映し出されています。緑は目標達成中、黄色は目標未達の危険あり、赤は目標未達を表しています。

「正しい成果指標が採用されていて、その一つが突然赤になると、従業員は即座にそれがどういう意味であるか、また改善するために自分はどうすればいいのかを理解できます。極端に分析的でわかりにくい成果指標の場合、これがフラストレーションになります。自分がどうすればよいのかわからないからです」

キャロランは必要に応じて、フォーマルな成果指標と同じように注意深く、その時に応じた成果指標を使用します。

「大型小売店との交渉ではコストがたいへん重要です。一ポンド当たりのコストを指標として試してみましたが、使ってみると難しいところがありました。スープをこぼしたり具を落とすたびに数セントコストが上がると言われても、細かすぎていちいち注意を払っていられないのです。そこで一ポンド当たり何セントの違いが、大きな取引の成功や失敗をどのように決めるのかを伝えました。その違いが大きな受注につながることを理解すると、今までにないほど注意深く作業を行うようになりました」

キャロランは顧客の獲得と生産量の向上についてチームのプライドを刺激しただけではなく、インフォーマルなつながりも刺激しました。誰もが社外で大きな注文をとろうと走り回っている営業部をがっかりさせたくなかったのです。

従業員への迎合はパフォーマンスを高めない

エド・キャロランは、人と仕事を感情的に結びつけることが高いレベルのパフォーマンスの達成と維持につながると考えています。ただし、数値化できる仕事の成果が最も重要であるとも明確に語っています。工場見学で感じたエネルギーや情熱は素晴らしいものですが、パフォーマンスをプラス方向へ動かすことがなければ、結局何の意味もないのです。

「エドのやり方を見ていると高校時代を思い出します」と彼の部下は言います。

「化学の先生は生徒を幼稚園児のように扱っていました。彼女は提出物のできがいいとスマイルマークをつけたのです。私は彼女のことが嫌いでした。宿題もやりませんでした。彼女のやり方につき合わなかったんです。でも数学の先生は違いました。彼は生徒を大人として扱いました。彼は生徒全員に満点を要求したのです。我々は彼をがっかりさせたくないと考え、化学より数学でずっといい成績をとることができました。エドのやり方は、その時の先生に似ています。彼はチームを巻き込んで、お互いが協力するようにさし向けたのです。しかし、彼は各人が真剣に努力し、最高の結果を出すことを要求しています。これにより信頼が生まれ、我々に彼をがっかりさせたくないと思わせたのです」

ストックポット工場での最終日、我々はキャロランと駐車場を歩いていました。彼がバイクに乗ると一人の従業員が工場から出てきました。

「エド！」という従業員の大声での呼びかけに「何だい？」とエドが答えました。

「先週の土曜日、俺たちがスープづくりの最高記録を作ったっていうのは本当かい？」

「本当だ」キャロランは声を上げました。

「ストックポットの操業以来、一日当たりの最高量だった」

「そいつはすごい！」

従業員は拳を振り上げ、歓声をあげました。

キャロランは笑いました。我々が別れを告げると、彼は走り去って行きました。キャロランがチームをパフォーマンスに駆り立てる努力は明らかに成功したのです。

横からモチベートする

エド・キャロランのストックポットにおける成功は、個人とグループの両方に対しての業績に対する強いこだわり、そして成果指標を従業員にとって意味のあるものとする力の結果と言えます。しかし、もし彼に経営幹部というフォーマルな権限がなければ再建できたでしょうか。同じアプローチが成功したでしょうか。

今日の「フラット化する世界」では、リーダーがフォーマルな権限を持たずにパフォーマンスを牽引するのは当たり前になりつつあります。アウトソースやジョイントベンチャー、比較的拘束の緩い提携関係（航空会社の提携など）のように、マネジャーが直属部門やフォーマルな組織の範囲を超える責任がある場合がこれに当たります。『ニューヨークタイムズ』紙から非常に興味深い抜粋を以下に紹介しましょう。

「ビジネスで真の成功を収める人物は、直属の部下でない人を動かす方法を理解している。直属の部下に仕事をさせることは誰でもできる。しかし、自分のために時間を割く必要がない人を巻き込み、そのサポートを受け、成功してほしいと思わせること――これはビジネススクールの教科から完全に欠落しているものだ」[1]

しかし、どうすれば部下以外の人に行動の変革を起こさせたり、グループでのパフォーマンスに対するモチベーションを上げさせたりすることができるのでしょう。これはまさにインフォーマルな組織が必須になる状況と言えます。

インフォーマルなニンジン、フォーマルなムチ

二〇〇四年の秋、バンク・オブ・アメリカの法務担当役員兼シニアバイスプレジデントのグレッグ・シーイーは、顧客対応コールセンターの委託先であるテレテックとの関係についての任務を引き受けました。

当時、テレテックの千人のカスタマーサービス担当者が、バンク・オブ・アメリカのカスタマーサポート電話対応の約六〇％を担当していました。「あらゆる点において、テレテックの声がバンク・オブ・アメリカの声という状態になっていました」とシーイーは言います。しかし、同行のカスタマーサービスセンター一〇カ所の中で、テレテックは最大の電話処理件数を示していたにもかかわらず、顧客満足では最低の評価を記録していました。

シーイーはテレテックのパフォーマンスを向上させる必要がありました。しかし、彼にはフォーマルな権限がありません。テレテックの従業員は彼の部下ではなく、またシーイーは彼らのマネジャーではありませんでした。バンク・オブ・アメリカとテレテックの契約では、テレテックが守るべき条項は最低限しか記載されていませんでした。シーイーは契約を解除することもできましたが、それによりサービスに大変な混乱が起こり、先の見えない法的な問題が発生するおそれがありました。

シーイーにはフォーマルに尻をたたく「ムチ」がありませんでした。そのため、インフォーマルな「ニンジン」を使うことにしたのです。シーイーはテレテックの従業員のモチベーションを上げて、契約にある最低限の仕事を上回るパフォーマンスをするよう納得させる必要がありました。そのためには、テレテックの従業員がバンク・オブ・アメリカにどのようなサポートを求めているのか理解する必要があります。そこでセンターへと実際に足を運び、現場がどのように運営されているかを自分の目で確かめる必要がありました。

正しい結びつきをつくる

「コールセンターに足を踏み入れた途端」と、シーイーは言います。

「信頼関係に問題があることがわかりました。過去一年だけでバンク・オブ・アメリカ側の担当役員が三人も交代していたのです」

テレテックの担当者によると、どの担当役員も着任するとセンターを訪問し、バンク・オブ・アメリカとテレテックの関係とその重要性を熱心に語ったそうです。しかし、帰った後は一度も連絡はなかったと言います。

「そのためテレテックの担当者にどうすれば信用を取り戻せるかと聞くと、全員が同じ回答をしたのです。『この仕事を辞めないでほしい』でした」

シーイーは前任者とは違うタイプの関係づくりを始めました。初めに、彼はテレテックの従業員に辞めないことを約束しました。最初の三カ月間、シーイーは隔週でテレテックを訪問しました。彼はテレテックの人たちに自分が業績だけでなく、彼ら自身にも興味を持っていることをわかってもらおうとしたのです。「彼らには私が常に見ていること、そして気にかけていることを知ってもらう必要があったのです」とシーイーは言います。

コールセンターを訪問すると、シーイーはオフィスを歩いてカスタマーサービスの担当者と会話を交わし、経営陣やオピニオンリーダーとなる人物との関係を築きました。食事に招待し、会話を交わし、彼らにとって重要なことに注意を払ったのです。その結果、彼らのことを個人的に理解するようになりました。すると、すぐにまるで同じ会社に勤めているかのようにそこに溶け込んだのです。

業者と顧客のような独立した関係の場合、顧客は常に効率を最大化する方向へと向かいがちです。大事なのは顧客自身の時間であり、その逆ではありません。しかし、シーイーは短期的な非効率を受け入れることで、長期的なパフォーマンスの向上を目指す道を選びました。初期の段階で実際に顔を合わせるという投資を行ったことで、シーイーはその後必要なときに活用できる豊かな人脈を得ることになりました。

意味のある目標

お互いの尊敬が増すにつれ、シーイーは目標とするパフォーマンスと現状のギャップを埋める必要性をテレテックの従業員にはっきりとわからせることができるようになりました。シーイーはテレテックの従業員に対し、単に契約書に記載された最低限のサービスを提供するだけで満足するのではなく、契約条項を超えたサービスの実現に個人的なプライドを持つべきだと説得しました。

シーイーはテレテックの経営陣と協力して、バンク・オブ・アメリカで顧客満足度ナンバーワンのコールセンターになる目標を設定しました。ずっと最低評価だったコールセンターにとってたいへん大きな目標でした。しかし、シーイーはテレテックの従業員に現在のレベルをはるかに上回るパフォーマンスができると信じてもらいたかったのです。

「彼らにとって簡単でないことはわかっていました」とシーイーは言います。

「ナンバーワンになるには、人員整理も含めてコスト削減の必要がありました。そうすることで長年最低の成績を出し続けていたいくつかの成果指標について、パフォーマンスを向上させる必要があったのです」

もしもシーイーがテレテックを訪問した初日にいついつまでにナンバーワンになれと告げていたら、これほどの影響力を持てたか疑わしいでしょう。しかし、従業員は彼を知ったことで信頼するようになりました。またシーイーの自分たちに対する思い入れや責任感を信じていたため、トップを狙うという考え方に魅かれていったのです。

誰しも初めから二位になりたいと思う人はいないのです。

信頼し合える個人的なコミュニケーション

テレテックの能力改善に対して、自分とバンク・オブ・アメリカの決意を示すには、個人的なサポートとインフォーマルな接触を続けることが最良だとシーイーは考えていました。自分がどこにいても何時であっても、新しい目標が達成されると、シーイーは必ず電話で個人的にお祝いを伝えました。彼は経営陣だけではなく、コールセンター全体にこのような電話による激励に参加するように頼みました。

これは世界を飛び回るシーイーにとって時に厳しい決めごとでした。あるとき仕事で中国にいると、テレテックが素晴らしいパフォーマンスをしたとの知らせが入りました。シーイーは全員を祝福したかったのですが、そのためにはシフトが変わるときを狙って電話をかける必要がありました。それができるのは中国時間で午前三時しかありませんでした。シーイーはその時間に電話をかけ、お祝いの言葉を伝えました。これはテレテックの従業員にとって非常に意味のあることでした。ほんの数カ月で、テレテックはバンク・オブ・アメリカのコールセンターの最下位からトップにまで上りつめたのでした。

これはフォーマルな権限がほとんどないマネジャーが、ライン、この場合は顧客と業者間のラインの外から導くことによって、短期間でパフォーマンスを向上させた素晴らしい例です。我々の言葉で言うと、シーイーのアプローチはフォーマルな責任とインフォーマルな仕組みのバランスを取ることで、感情的な思い入れを持った責任感やエネルギーを生み出し、業績を押し上げる行動変革をテレテックに引き起こしたのです。

企業が戦略面やコスト面での問題の解決策としてアウトソーシングに依存する度合いが高まるほど、フォーマルな契約だけに頼る連携の限界がこれまで以上に明確になります。しかし、インフォーマルな組織における感情的な連携とパフォーマンスを動機づけする力は絶えることがありません。これは企業間を超えても同じことです。

第4章に登場したケン・メルマンやストックポットのエド・キャロラン、そしてバンク・オブ・アメリカのグレッグ・シーイーは、人々をより高いレベルのパフォーマンスへと動機づけました。厳格なトップダウンの成果指標を使って従業員を奴隷のように扱ったわけでも、従業員全員に優しくして友だちになったわけでもありません。彼らのアプローチは厳しくも優しくもありません。フォーマルな組織とインフォーマルな組織を統合して人々やパートナーを共通の目的へと駆り立てたのです。

明確な目的が全員の貢献につながる

カイル・イウォルトはカッツェンバック・パートナーズのニューヨークシティオフィスのサービスセンターマネジャーです。彼は、顧客サービスの中で生じる不可能な要求を可能にすることを得意とする典型的な人物です。イウォルトはフルタイムで働いていますが、仕事のほかにも音楽の演奏や作曲をしています。身長二メートル近い彼は細身で、顔にはいつも笑みを浮かべています。みんなが面白がってからかう素敵なあご髭を生やしています。カッツェンバック・パートナーズに五年近く勤めましたが、社内でクライアントに最も効果的な影響を与えた人に贈られる「バリュー・アワード」（価値観を体現している人に贈られる賞）を受賞したことで知られていました。

これは驚くべきことでした。彼はコンサルタントでもなければ、クライアントに直接対応するスタッフでもなかったのです。しかし、四カ所あるオフィスのスタッフ全員（コンサルタント、パートナー、マネジャーを含む）の中で、クライアントに一貫して最もプラスの影響を与えた人物として同僚から選ばれたのです。彼の影響は本人のフォーマルな責任と権限をはるかに超えるものでした。

イウォルトがプラスの影響を与えた一番の例は、二〇〇六年冬に会社がクライアントのためにオフィスで写真撮影を行ったときのことです。過去にそのような経験がなく、撮影は想像以上に複雑な仕事であることがあきらかになっていきました。たとえば、撮影の準備の時、写真家とのコミュニケーションがうまく取れていませんでした。その結果、撮影会の朝に写真家が到着した時、撮影には絶対に欠かせない背景紙が足りないことが判明したのです

クライアントの到着までまだ一時間ありました。撮影を中止してクライアントに不満を与え、スケジュールを組み直すのではなく、イウォルトはすぐに行動を起こしました。自分のインフォーマルなネットワークを利用して、近隣の写真用具店で撮影に必要な背景紙を見つけました。さらに背景紙を持ってきてもらうのではなく、タクシーに飛び乗って自分で取りに行ったのです。あいにく背景紙は四メートル以上あり、タクシーには乗りませんでした。イウォルトは特にそれを気にもせず、肩に担いでオフィスまで歩いて戻ったのでした。クライアントが到着した時、背景紙の準備はすでに整っていました。撮影は問題なく始まりました。クライアントは大喜びでしたが、イウォルトの努力を知ることはありませんでした。それどころか名前さえも知ることはなかったのです。

イウォルトのインフォーマルな能力は重要なものとして社内で知られることとなり、彼の役割をもっと大きくすべきだという話になりました。イウォルトを中心としたサービスセンターがつくられ、数人のスタッフを配置した小規模チームが設立されました。このチームは彼がこれまで自らやってきたことと同様の役割を果たすことになります。イウォルトは会社の誰もががっかりさせたくないと思う人物の好例です。こうした賞賛は彼のフォーマルな権限とは何の関係もないのです。

インフォーマルが成果を牽引し、成果がインフォーマルを強化する

目標を達成するためには、フォーマルな組織とインフォーマルな組織の両方が必要であり、どちらもそうした二刀流によって強化されます。マネジャーはこのような相互的な強化を、以下のようないくつかの方法で促進できます。

1　グループごとに成果目標を設定する

人々が協力して業務にあたり、チームとして動いているという実感を持てるようにする。一緒に働くことで、お互いの価値観、スキル、向上心、感情をよく知ることができる。協働グループが解散した後も人間関係は続き、助け合える資産として残る。共通かつ個々の目標を持つことは、チームと個人のパフォーマンスをいずれも動機づけする。

2　モチベーションが上がるような意味ある目標を設定する

目的意識が生まれ、努力が引き出される。目標は個人にとっても意味がある場合、その人のプライドをもたらす源となる。目標を目指す過程でもプライドが形成され、成功の達成感からもプライドを持つことができる。意味のあるパフォーマンス目標はつねにやりがいがあるため、グループのメンバーが達成するとさらにプライドを持つことができる。

3　難しい問題には組織としての価値観を適用する

シンプルな分析技術はシンプルな問題解決には役立つが、難しい問題には役に立たない。重要な問題に直面した際に価値観を適用して、前進や決断ができると、そのことがグループの実体験として価値観の持つ導く力を高める。価値観はより心に根づき、次の問題解決やパフォーマンス改善に向けてさらに援用されるようになる。難しい問題を解決したことから生まれる自信は、次のパフォーマンス目標を設定する際にさらに上昇志向の目標設定につながる。

＊　＊　＊

本章でお話したのは、すべてパフォーマンスの向上に関するものです。しかし一般にインフォーマルな組織の話となると、我々はパフォーマンスなど関係ないかのように振舞いがちです。フォーマルな組織の場合、戦略や組織構造、プロセスの変化といったものとして形に現れることから、パフォーマンスの結果は簡単に調べることができます。しかし、インフォーマルな組織の場合、意識調査やや る気の評価といったあいまいなデータに頼らざるを得ません。意識調査の結果や勤務態度がよければパフォーマンスもよいと思われますが、本当にそうなのかは不確かです。

もはやそのようなやり方は十分ではありません。インフォーマルな要素の変化が、売上や利益、コスト、市場シェアに及ぼす影響を測定することは非常に難しいように思われますが、実際にはそんなことはありません。これらの変化と行動とは直接結びつけることができるのです。インフォーマルによる行動変化がパフォーマンスにもたらす影響は、厳密なパイロットテストであれば確認できます。第8章で紹介するベルカナダの例では、マイケル・サビアのチームがいくつかのパイロットテストを行い、インフォーマルなプライドの変化によって動機づけされた行動が、売上や利益の増加に直接影響を与えていることを確認しました。シェルの石油精製所でも同様のパイロットテストで、インフォーマルに動機づけされた行動が設備停止時間と保守回復率に測定可能な変化をもたらしたことが確認されています。また、第9章で説明するエトナの奇跡的な再建劇では、インフォーマルとフォーマルの統合が重要な役割を果たしています。そのアプローチは、それまでのフォーマルによる取り組みの失敗とは驚くほど対照的です。

まだ半信半疑であれば、自分で確かめてください。業績改善につながるいくつかの行動を特定し、その行動を促すようインフォーマルな仕組みを活性化し、試行錯誤してみてください。こうした議論はパフォーマンスの結果がすべてですので、ぜひ結果を出してみてください。

第3部　組織変革を加速させる

組織の知能指数（OQ）が普通の人より高い人々がいます。彼らは直感的に（または長年の試行錯誤を通して）、どうすればインフォーマルとフォーマルを活用して人の行動を変え、素早く成果を上げられるのかわかっているのです。そのためには、ルールの一つや二つは破っても構わないと考えています。

賢明なリーダーはOQの高い人たちから学び、柔軟性のないルールを変えて障害をなくし、フォーマルとインフォーマルのバランスを取りやすいようにします。組織の中ですでにうまくいっている取組みを広め、いくつかの「定石」を使ってフォーマルとインフォーマルを統合することで、リーダーはパフォーマンスを劇的に変えることができます。インフォーマルな要素をフォーマルな改革とうまく組み合わせれば、インフォーマルの働きを偶然と直感に任せていた従来のチェンジマネジメント手法による変革と比べ、より持続的な結果を得ることができるのです。

第3部では「速いシマウマ（fast zebra）」というコンセプトとそのような人々の活用法を紹介します。「速いシマウマ」は、まるで魔法のようにインフォーマルとフォーマルを混ぜ合わせる感覚を持っています。彼らはどれほど堅苦しい組織であっても、あらゆるタイプの組織に存在します。彼らはその知恵をベンチャー企業、官僚的な大企業、政治の世界、学校教育といったあらゆる分野で役立てています。このパートではこうしたさまざまな分野の変革事例をいくつか紹介します。

本書の最後にあたる第10章は、あなたがいま現実に何をすべきかについてのまとめです。ここではフォーマルとインフォーマルから最高の結果を得るために、具体的にどのような行動と習慣が必要なのかを解説します。

＊　＊　＊

第7章 「速いシマウマ」を解き放つ

官僚的な形式主義、入り組んだ組織図、込み入った手続きのプロセス、まとまりのない雑多な文化……。実際に自分が働いてみなければ、国連という組織がどれほどこうした難しさを抱えているか理解するのは難しいでしょう。それでも国連のような複雑な組織で何かを効率よく行うことがどのくらい大変かは、容易に想像できると思います。同様に、そこで新参者が何かをしようとする場合、「いつ」、「誰を」、「何のために」巻き込む必要があるかがわからず、どれほど苦労しストレスがたまるかも想像がつくことでしょう。さらにほとんどの政治任命された人々の任期が短いことを考えると、インフォーマルな形で組織運営する技を身につけるのが不可欠なことがわかると思います。

我々は幸運なことに、ブッシュ政権時に米国の国連大使であったマーク・D・ウォレスに会うことができました。彼は実際に国連がどのようにインフォーマルな形で運営されているのか詳しく教えてくれました。ウォレスは国連の難しさをよく理解しており、どのように利害衝突のバランスを取ったのかを説明してくれました。

弁護士であった彼は、マイアミ市の緊急財政管理委員会で初めて政府の仕事に関わりました。ブッシュが再選を目指した二〇〇四年の大統領選挙で、選挙運動責任者代理の仕事を引き受け、共和党が予想外の大勝利を収めた後、ジョージ・W・ブッシュ大統領は彼を米国の国連大使に任命しました。

しかし、任命されて入った国連は選挙遊説をして回る生活とはかけ離れた世界でした。変化が早く、何が起こるか予測できないため、国連では往々にして行き当たりばったりで、インフォーマルな関係に頼る環境が生まれています。とにかく素早く対応すること、不確実さに耐えること、そして曖昧さをよしとできることが必要です。やらなければならない仕事が常に膨大にあるため、「ちょっと見ていれば誰が『速いシマウマ』なのかすぐにはっきりわかってしまいます」とウォレスは言います。

この「速いシマウマ」とはウォレスが好きな例えで、情報を迅速に吸収して突然の変化に素早く上手に対応できる人を意味します。アフリカのサバンナでは、速いシマウマこそが水飲み場へ行ったときに生き残ることができるのです。急いで水を飲んでさっさと次の場所に移るからです。群れの中の遅いシマウマは、物陰に潜む外敵の獲物となってしまいます。

速いシマウマとは要するにフォーマルとインフォーマルのどちらも同じように器用に活用できる人です。その本質を理解しやすいように、ウォレスは彼の重要なパートナーであるヘンリー・マッキンタイアを紹介してくれました。彼女は選挙ボランティアとしてインターンから始め、急速に選挙運動組織の中を駆け上がっていきました。党大会ではウォレスの側近として働きました。選挙運動とホワイトハウスでの短い仕事の後、彼女は国連でのウォレスの仕事に参加しました。

マッキンタイアは誰もが警戒心を解いてしまう社交的な性格で、テキサス出身らしい魅力のあふれる女性でした。この能力は国連でも選挙活動でも不可欠だったと彼女は言います。二〇〇四年の大統領選挙への参加は、マッキンタイアにとって初めての政治の世界での仕事であり、何より大学を出て初めての仕事でした。「私は経験もなく世間知らずでした」と彼女は隠さず言います。彼女の机はウォレスの執務室のすぐ外にありました。彼女はすぐにウォレスがチーム全員を平等に扱い、できる限り成果を褒めて励ましていることに気づきました。そのため自分もウォレスから評価されようと一生懸命になり、一週間に六〇時間働くことも苦になりませんでした。

ウォレスはマッキンタイアの仕事ぶりを高く評価し、すぐに自らのアシスタントに昇格させました。党大会が近くなって、マッキンタイアは一つの問題があることに気づきます。各地の代表の到着まであと四日に迫っていたにもかかわらず、党大会に出席する講演者や大物議員の到着・出発・出演・座席の配列といったタイムスケジュールがきちんと準備されていなかったのです。この仕事はマッキンタイアのフォーマルな職務規定には含まれていませんでした（彼女にはフォーマルな職務規定はありませんでした）。それどころか、誰にこの責任が割り振られていたのかさえ、はっきりしませんでした。しかし、そんなことは彼女にとって関係ありませんでした。マッキンタイアは自らこの仕事に着手しました。残る四日間で多くの電話をかけ、誰が何時に到着予定か、どの席次にすべきか、誰と誰が政治的な理由で隣り合わせに座れないかなどを調べたのです。そのためには複雑な人的ネットワークのあちこちを確認してまわる必要がありました。マッキンタイアはその複雑なネットワークを理解し調整するだけでなく、自らがそのネットワークの一部となり、党大会で多くの大物支持者や参加者と個人的なコネクションをつくることにも成功したのです。

マッキンタイアの能力や責任感、熱意とユーモアは、ウォレスだけでなくホワイトハウスの上層部にも強い印象を与えました。その手腕と党大会での実績を見込まれ、彼女にはホワイトハウスでの仕事のチャンスが与えられました。ウォレスはそのように人目を引くような仕事は彼女のキャリアにプラスになるとも思っていたのですが、国連で働きたいと思った時は、いつでもスタッフとして参加してもらっても構わないと彼女に伝えました。その言葉通り、マッキンタイアはワシントンでしばらく働くと、ウォレスが国連で働き出した数カ月後にニューヨークに移り、国連の国際的な舞台に自らの才能を注ぎ込む決意をしたのです。

国連に機敏性を取り入れる

マッキンタイアの出世は「速いシマウマ」がペースの速い厳しい環境で達成できることを示した典型といえます。また、根深い官僚的な文化のせいで状況が複雑に入り組んでいるとき、インフォーマルを駆使する力がどれほど重要であるかを見事に示しています。選挙活動で役立ったインフォーマルの素質を、高度にフォーマルな国際外交の世界で政治任命者の立場に活用するのは、ウォレスとマッキンタイアにとっても挑戦でした。マッキンタイアは、まずフォーマルな指揮命令系統こそがモノを言う領域がどこなのかを素早く理解し、必要な時だけその外側からリーダーシップを発揮するようにしました。

国連では二種類の人が働いており、この二つのタイプは根本的に違う人種であるとウォレスは言います。片方は政治任命された人物とそのスタッフです。この人たちは比較的限られた期間だけ国連に勤務します。もう一方はキャリアの国連機関職員です。この人たちは生涯国連で働く可能性を持った人々です。政治任命を受けた人物が任期後までプラスの影響をもたらすような変革を起こすには、時間はわずかしかありません。たとえば、ビジネスの場合、大きな変革を達成するにたいていい数年かかるものです。ところが、ほとんどの政治任命者が国連に務める期間は二年未満です。そのため迅速に行動し適応して信頼を築くには、速いシマウマの群れが絶対に必要だとウォレスは考えたのです。彼には人を役割に慣れさせる時間も育てる時間もありません。マッキンタイアのような、正しい人選こそがすべてなのです。

「速いシマウマ」チームのサポートを受け、ウォレスはまず自分の部門に大きな変革を仕掛けました。会議や重要な意思決定で必要とされていた、分厚く難解な背景資料という、フォーマルな障害物を整理することから始めたのです。時に何百ページにも及ぶこの種の資料は、フォーマルな階層の間で重要な情報をじっくり共有するには最適な方法として長年制度化されてきました。しかし当初の目的はかなり以前から意味がなくなっていたのです。

この時代遅れの方法をやめる、もしくは大幅に変更する前に、ウォレスとチームはまずこうしたブリーフィング資料を長年信頼し、その価値を信じている同僚から尊敬を得る必要があると考えました。そのためにウォレスは二つのことを証明する必要があると考えました。一つは、ウォレスのチームが従来通りの方法でも優れたブリーフィング資料を作成できること、もう一つは、資料がなくても同様の膨大な情報を素早く吸収し、自分のものにできるさらに優れた方法を開発できることです。

もちろんこれは言うほど単純なことではありません。しかし、新たなやり方は首尾よく運び、米国使節は多大な時間を節約できました。これはスタッフの時間の節約にもつながり、すでにわかりきった内容の資料づくりから解放され、新たなテーマの調査が可能になりました。ウォレスは部下に対して、ウォレスのために準備をするのではなく、自らが重要と考えるテーマをウォレスに提案し、調査を実行することを望んでいると伝えました。これが政府任命のスタッフだけでなく、長期雇用のスタッフも同じようにやる気にさせ活気づけました。またウォレスはこの成功を、自分とチームが従来の方法にこだわりのあったスタッフにきちんと敬意を表したおかげだとしました。そしてチームは一体となって「速いシマウマ」として行動し、他の方法では実現が難しかった結果をもたらしたのです。

尊敬や謙遜、ユーモアをきちんと伝えるインフォーマルな言動は、ウォレスの国連での交流やそのスタッフの「速いシマウマ」化に重要なツールだったとウォレスは言います。これらは各人のIQや職務経験・教育を反映したフォーマルなスキル以上に重要なものです。選挙活動や国連組織で見せた仕事スタイルから考えると、彼は塹壕に飛び込んで自らの手を汚すことを少しも恐れていません。外交の世界における伝統的な階層に常に従うわけではないのです。ウォレスは誰に対しても対等に、そして尊敬の念を持って接することで、より多くのものが得られると考えています。

ウォレスのインフォーマルな知恵は、目に見える利益ももたらしています。たとえば、国連でのさまざまな出来事において、米国が支援する取組みに反対票を投じるよう迫られている国の代表者が、ウォレスが日頃からその大使に見せる敬意に感じ入り、自国の意に反して米国側に投票することもありました。超大国である米国は、他国から敵意と憎悪の標的とされることが少なくありません。しかし、初めから対立するとわかっている相手でも挑発せず効果的に事を運び続けるには、米国大使はけんか腰の対応を受けても常に尊厳ある礼儀正しい行動を取る必要があります。ウォレスは次のように言っています。

「自らが『覇権国』である場合、論争の場から逃げてはいけません。さもなければ、すでに緊張感の高まった状況をさらに悪化させてしまうからです。そして選挙活動のストレスフルな状況でユーモアが大切であるように、国同士が論争する場合でもユーモアは有利な武器になるのです」

彼のチームが国連で何かをしようとする際、往々にして米国の地位が不利に働くことをウォレスは知っています。しかしウォレスはその不利な状況をむしろ利用して、困難をチームのプライドの源に変えてしまうのです。たとえば、大きな会議の前、ウォレスはスタッフとともに陽気なマオリ・ハカ（ニュージーランド発祥の戦勝祈願のダンス）を踊ることがあります。ウォレスはチームの「速いシマウマ」が選挙活動のときと同様、障害を克服することにやりがいを覚えることを知っているのです。そのため、不可能な任務へみな一丸となって挑戦する感覚をつくり出すために、全員を集めて、モチベーションを高め、元気づけるのです。ウォレスが言うには、最近の投票前には次のように叫んだそうです。

「一九一カ国対一カ国。これだけ点数に差がつくと、逆に燃えてくるだろう」

政治任命者の常として、ウォレスは国連にわずかな期間しか在籍しませんでした。しかし、ウォレスのインフォーマルな才能は、残された者が追随できる具体的な例を置き土産とすることで、米国使節団だけでなく国連全体にも長く残る影響を残したことは間違いありません。インフォーマルと速いシマウマを使いこなす技は、伝統と階層という過去からの遺物があったにも関わらず、最終的に国連での従来の成功の法則を壊す上で有効に働いたのです。

＊　＊　＊

速いシマウマが、極端にフォーマルな組織の「硬直した関節」をもう一度スムーズに動かすのに役立つことはあきらかです。彼らはフォーマルな組織が不測の事態を迎えた時や新しい方向へと進むべき時に、停滞から抜け出す上で活躍します。速いシマウマには組織がどのように働くかを理解する能力があり、頑固な障害をよけて通る方法を見つけ出す抜け目なさがあります。価値観と人間関係に踏み込んで、人々が戦略に沿った選択肢を選ぶことをサポートし、間違った考え方へと進むのを回避させるのです。またネットワークを利用して協力体制を確立し、フォーマルな組織でカバーされていない問題にも取り組みます。そしてさまざまなプライドの源を利用して、フォーマルな報酬体制ではカバーされていない行動を動機づけするのです。

しかし、水飲み場にいるのが速いシマウマ一頭だけではさびしすぎます。そのため賢明なリーダーは複数の速いシマウマを見つけ出し、同じタイプの人たちを自らのもとに惹きつけようとします。リーダーは速いシマウマの群れをつくり、一頭だけでは成しえなかったスケールの大きな動きをさらに加速させるのです。

ニューヨーク市の公立学校：落第校から上位校への変革

一九九〇年、マンハッタンのチャイナタウンにあるエルナンド・デソ小学校（ニューヨーク市第一三〇公立学校、PS一三〇）の校長が学校を去り、リリー・ディン・ウーが新たに校長として赴任しました。当時、この学校は州政府が定める教育成果の目標をまったく満たしていませんでした。それどころか、学業面で落第校リストに載り、学校としての存在価値が再審査される瀬戸際だったのです。このリストに記載されたままでいると、学校は再編成もしくは閉校の対象になります。さらに悪いことに、ウーは校長として適任だと思われていませんでした。ベテランで誰からも好かれるタイプだったPS一三〇の教頭こそが、校長に就任すべきと考えられていたためです。なぜリリー・ウーのようなよそ者が突然任命されたのでしょうか。

現在では、PS一三〇はニューヨークの公立学校の中でもトップクラスに数えられており、成績は常に上位一〇%に入っています。また、ウーは公立学校制度の中で一番の成功例である革新的な校長と考えられています。学校の中でもみんなから尊敬され非常に愛されています。これは注目すべき大転換です。

ウーは、どのようにこの状況を達成したのでしょうか。学校を取り巻くインフォーマルなネットワークを利用して、フォーマルに偏りすぎていたバランスを変えたのです。ウーが高いOQを持っていることは疑いようがありません。彼女はフォーマルな学校の仕組みとプロセスに精通しており、公立学校という組織を動かす強力な人的ネットワークについても深く理解しています。彼女は若いころ、間違いなく速いシマウマだったはずです。そしてその洞察力は今でも健在です。

学校外からやってきた変革者への抵抗

ニューヨーク市の教育部門は複雑な官僚組織であり、組織の改革や刷新を望んでいた教育者たちは長い間これを不満に思っていました。学校制度は教師や管理者に、ルールに従うこと、決められた手順に準拠すること、膨大な量の書類を提出することを要求していました。このフォーマルな手順が、学校制度の最も重要な使命である多種多様な生徒全員に優れた教育を保証する妨げになっていたにもかかわらず、です。さらに学校制度は関係者を「保護者」「教員組合」「学校の管理部門」「行政の教育部門」そして「児童・生徒」にはっきりと分けていて、これらの間で意見が一致しませんでした。これらの利害関係者は互いに目的が異なり、正面から対立している場合もあり、往々にして意見が合わなかったのです。

校長職を引き受けた時、ウーはもちろんこれらをすべて理解していました。PS一三〇の閉校を避けるためには、従来と同様のやり方を続けるわけにはいかないこともわかっていました。何かをする必要があったのです。

一つ、彼女にとって予想外だったのは、校長に就任した際の周囲の冷たい反応でした。彼女は教師、教員育成担当、管理者として過去数十年にわたって公立校で働いてきました。そのうえウーは、チャイナタウンのコミュニティでもよく知られた存在だったのです。しかし、それらはどれも重要ではありませんでした。PS一三〇ではウーはよそ者で、みんなが好きだった教頭を押しのけた人物とみなされたのです。保護者や教師の多くは、ウーが校長になったことに強い不満を感じており、学校当局に対して正式な抗議まで行っていました。

教職員、管理部門、教員組合、保護者を全員味方に引き入れる必要があるのはあきらかでした。これは厳しい戦いでした。彼女はフォーマルな要素を変革してインフォーマルなネットワークを利用することにより、数年かけてこれを達成しました。フォーマルな変革のひとつとして、コストの削減を行いました。コストの削減は昔からある最も一般的なフォーマルな仕組みの変革です。ただし、ウーは校長のアシスタントも三人から一人に減らし、自らの執務室もコスト削減の対象に含めました。

ウーはフォーマルな公立校の決まりごとを補足するものとして、自らのインフォーマルな教育規範を全教員に配布して長時間議論しました。この規範は、常に革新性を持つこと、徹底して情報を共有すること、生徒と心が通うつながりを持つことについてのものでした。

ウーは、PS一三〇の主な弱点は教育カリキュラムにあるとみて、その改善に多くの時間を割きました。たとえば、多くの生徒は英語力に問題がありました。そもそも英語のカリキュラム内容が一定の水準に達していなかったのです。そのためウーは英語教育の改善に全力を注ぎました。保護者との良好な関係を築くため、保護者向けにも無料の英語講座を開いて自ら教えたのです。しばらくすると、共感を覚えた数人の教師もボランティアで助けてくれるようになりました。

ＰＳ一三〇の保護者が長年抱えていた「算数のカリキュラムが簡単すぎる」との苦情に応えるため、ウーは生徒と保護者の双方のニーズをうまく満たす方法を考えました。教員たちとの関係を改善するため、従来より柔軟で体系的な教育スキル開発プログラムの設計を手伝いました。そして状況は徐々に変わっていったのです。

関係者からの信頼を得て関係を築くにつれ、驚くべきことが起こりました。試験の成績が以前より上がったのです。プログラムも以前より改善されました。これを喜んだ保護者会は自主的に中華料理の食事会を開催しました。これは学校の成功を広く祝うためだけのものではありませんでした。食事会の参加費用がカリキュラムをさらに改善する基金の設立に使われたのです（現在、食事会は年に一回開催されており、毎年約九万ドルが基金に寄付されます）。

これ以外にも活発な資金調達活動で集めた資金を利用して、ウーは芸術クラスの新設をはじめとする新たな強化プログラムを開始しました。芸術分野については、ニューヨーク市からの予算が従来不十分だったのです。さらに、この学校に関わるコミュニティは団結を強めた地域ネットワークとしても成長しました。お互いに腹を立てていたバラバラの集団が、協力的で思慮分別のある集団へと変貌したのです。

「これはリリー・ウー校長の功績です」

ある三年生の保護者はそう言います。

「予算運営の能力が優れているだけでなく、毎朝正門前に立って千人以上の児童・生徒に名前で呼びかけるような、本気の伝わる地道な取組みが合わさった結果でしょう」[1]

強い決意を持って、ウーは少しずつ好循環をつくっていきました。フォーマルの迷路をインフォーマルなネットワークを利用して進んでいくと、成功がネットワークをさらに強化することになりました。成功した理由の一つとして、新たな方法を導入するタイミングを判断する、ウーの絶妙な感覚があります。

「これはGPSのような感覚です。間違った道を選んでしまえば、正しい道に戻る方法を探さなければなりません。一つの道にこだわり続けると、溝にぶつかったり行き止まりになる可能性があります。そうなってからでは遅いのです」

備品倉庫のボトルネック

備品倉庫のエピソードは、昔から変わらないあつれきを招きやすい問題を避けて、新たな道を発見するウーの能力が発揮されたわかりやすい例です。ウーは、ある基本的な問題から気づきを得て、新しいやり方を導き出しました。その問題と気づきとは、ちょうどストックポットのエド・キャロランが従業員の時間の重要性に気づいたのと同じくらい当たり前で、本質的な問題です。

すべてはウーの椅子が壊れたことから始まりました。

「キャスターが一つ取れてしまい、直せなかったのです。それで新しい椅子を買ったのですが、ある教員がこう言いました。なぜ無駄に新しい椅子を買ったのか。自分たちにも欲しい物が山ほどあるのに、と。それでわかったのです。なるほど彼らにも欲しい備品がたくさんあるのだ、と」

しかし、教員が備品を調達するには、複雑で時代遅れのフォーマルなプロセスを通す必要がありました。「備品担当の女性がいて、備品倉庫には備品もあるのです」とウーは言います。

「しかし、私には備品の提供ルールが摩訶不思議でした。教師が備品担当者のところへ行って『チョークをください』と言ったとします。すると担当者はチョークを二本わたします。『紙をください』と言ったとします。すると担当者は『クラスの生徒は何人ですか』と聞きます。教師が答えると『三〇人なら三〇枚ですね』と紙を渡されます。三〇枚使い切って再びもらいに行くと、『申し訳ありませんが、九月分はすでに渡しています』と言われてしまうのです」

ウーは備品倉庫へと足を運んで自らの目で確かめました。

「多くの備品がありました。紙など黄色く変色しているものさえありました。備品は蓄えられていたのです。在庫切れになることを担当者が心配していたせいです。ですから、私は備品棚を開けて全部皆にあげてしまいました。『紙がほしい？　ではひと山あげましょう』『チョークがいる？　では箱ごとどうぞ』とね」

備品担当者は唖然としていたそうです。

「彼女が『そんなことは許されません。とんでもないことです』と言うので、私は次のように伝えました。『誰がそう言ったのですか。備品は使うためにあるのですよ。新しい物はいつでも買えます』」

次にウーは予算を点検して、購買プロセスに必要以上の人数が関係しているのを発見しました。

「二、三人が残りの一人に四人分の仕事をさせていた状態でした。ですから、仕事をしていなかった人たちにもやらせるよう仕向けたのです。すると彼らはそれが嫌で辞めてしまいました」

辞めた職員を補充する代わりに、ウーは予算を購買に回しました。しかし以前とはかなり違った予算配分法を採用したのです。

「たとえば、五万ドルを書籍に配分したとします。教師は五〇人いるので、五万ドルを五〇で割ると一人当たり千ドルになります。これは公平なやり方に見えますが、実はそうではありません。たとえば、二六年間教師を続けていた人は、すでに本は持っていると考えられます。したがって、新任の先生を手厚く支援する必要があるのです。そのためウィッシュリストというものを採用しました。ウィッシュリストとはどういう意味かという教師たちの問いに対して、私は『まさしくウィッシュ（希望）リストのことです。必要な物を教えてくれますか』と答えました」

従来であれば、予算五万ドルで一人当たり千ドル配分されると、教師はたとえ必要がなくても予算の使い道を考えました。「『校長、私は千ドルも必要ないので他の人に回してください』といった気前のいい先生はいません。それよりカタログをすべて見て『どうやってちょうど千ドルにするかな』と考えたりします。または本当に必要な物が千五〇ドルだった場合は、予算が千ドルしかないので購入を諦めてしまいます。そして千ドルを使い切るために別の物を買うのです。ですから、ＰＳ一三〇ではウィッシュリストを導入しました。教師からの『結局、予算はいくらなのか』という問いに対しては、『いくらかは言いません。何が欲しいのかを教えてください。その後で話し合いましょう』と伝えました。そうして徐々に必要なものへと予算を回していったのです」

人はなぜフォーマルな仕組みのボトルネックを回避する別の方法を探さないのでしょう。「別の方法を知らないからです」とウーは言います。

「人は既成概念にとらわれ、『こんなことをやってもいいか』と聞くことを恐れています。しかし、どうしてもできないことを示す証拠がなければ、やってみればいいのです」

インフォーマルの魔法を広める

今では、ウーと学校教職員の努力のおかげで、PS一三〇はニューヨーク市の公立学校制度の中でモデル校になっています。

ウーが以前よく衝突したニューヨーク市の教育長も、彼女を認めてそのやり方を採用しています。彼らも自らの過度に官僚的な形式主義の障害に嫌気が差して、インフォーマルなソーシャルネットワークを利用した取組みを始めています。

ニューヨーク市教育部門の権限委譲プログラムの責任者であるエリック・ナデルスターンは、ウーのやり方は「クリエイティブなルール違反」だと語っています。ウーの前例のおかげで、ナデルスターンと同僚たちは長年権威主義で階層制を貫いてきたシステムの中でも、「自律の権限は成功の報酬として与えるものではなく、逆に成功にとっての必要条件である」と信じるようになったのです。

教育部門の考え方がこのように変化したことは画期的と言えます。かつて、学校はそれぞれの地理的な地域に属していました。各地域は監督者が管理し、地域の校長はその監督者に報告義務があり、その監督者の規則に従うものとされていました。

ナデルスターンは「このシステムには結果に対する責任がなく、ルールを守る義務だけがあったのです」と言います。昇進を望む校長は「ルールを守って監督者を満足させること」が一番の近道だと知っていました。昇進に学校の教育成果はほとんど関係がなかったのです。

もちろんフォーマルなルールにも長所はありました。過去にそれぞれ異なるアプローチを採用して、教育の質がバラバラであった学校に一貫性と均質性をもたらしたことです。米国の公教育システム全体において、均質性はよいことだと長年考えられてきました。この理論はすべての学校が同じ影響下に置かれた場合、すべての子供が同じように育つとの考えから来ています。

しかし高いOQを持つリリー・ウーのような校長たちが、クリエイティブなルール違反と個々の学校ならではの解決策を通じて優れた結果をもたらしたことから、ナデルスターンたちは単にインフォーマルな部分を強化するだけではなく、フォーマルな組織を部分的に変更する必要があると考えました。「人は誰もが他人と違っているのだから、学校はこの違いを受け入れる必要があるのです」とナデルスターンは言います。

「これは、人間の本質なのです。私たちは、均質型の教育モデルを欠陥があるのに完璧なものにしようとして、あまりにも事細かになりすぎていたのです。現在のシステムを、従来とはまったく違う考え方にもとづいたシステムへと改善することは不可能です。廃止してゼロから構築し直すしかありません」

権限委譲プログラム

二〇〇六年、ニューヨーク市はインフォーマルな組織を通じた成果を示した校長たちに、これまで以上に独立した権限を与えるプログラムを開始しました。これは「権限委譲プログラム」と呼ばれ、生徒たちと直に接する人に意思決定の権限を公式に与えるものです。校長たちは、カリキュラムをより柔軟に決めることができるようになり、予算の配分についてもこれまで以上に自由に行えるようになりました。校長たちの多くが、自由裁量で使える一〇万ドルの予算を受け取りました。

新たな自由裁量権と引換えに、校長には学校の全体的な成功に対して、これまでより大きな責任が課せられました。四年単位での具体的な教育成果目標を含む合意書へのサインが求められたのです。

初年度、同プログラムの対象校は他のニューヨークの公立校と比較して平均して優秀な成績をおさめ、数学と国語の試験では顕著に高い得点を記録しました。我々がインタビューした時点で、三三二人の校長が権限委譲プログラムへの参加に合意しています。

多くの教育者にとって、権限委譲は単なる改革ではありません。革命的な大変革なのです。現在、校長は監督者の指揮下にはありません。むしろ逆に、市の教育部門の権限委譲支援チームが、約二〇人ずつのネットワークに分かれた校長たちに報告する立場になっています。ネットワーク支援チームは校長のために活動し、カリキュラムの変更や人材開発・予算案の作成を支援しています。フォーマルな組織変更によって、各校の管理職員に支払われるボーナスは、市の教育部門の役人ではなく、その学校の校長が決めることになりました。

このネットワークは、地理的な場所や学校の成績レベルには関係がありません。ほとんどのネットワークがニューヨークの異なる区域にまたがっており、学年も幼稚園から高校まで多岐にわたっています。校長はどのネットワークに入るかを支援チームで選ぶこともあれば、考え方の同じ校長が所属するネットワークを選ぶこともあります。

権限委譲プログラムは校長の自治権を強めただけでなく、校長たちがニューヨーク市の他の校長とつながる機会を提供し、ネットワークの強化にも一役買っています。さらにこのプログラムにより、校長のプライドに対する「聴き手」が生まれます。校長はネットワークのメンバーに敬意を払っていて、彼らを失望させることを嫌がります。つまり、ネットワークのメンバー同士がお互いの努力と達成に関するプライドを生み出しているのです。

最後に繰り返しになりますが重要な点は、リリー・ウーはフォーマルな組織を拒絶したわけではないということです。フォーマルの中でうまくいっているものは残し、インフォーマルな解決法で欠点とギャップを埋めていったのです。ウーの高いOQに基づいたやり方が成功したことは、学校の成績だけでなく、彼女が教員、保護者、市の教育部門からの支援を得られたことからもわかります。

教師たちはウーに対してとても献身的で、ボランティアで働くことさえいとわないこともありました。ある教師は、ただ単に彼女の学校で働きたいからとの理由で、給料の支払いが始まる三カ月も前から教えることを申し出ました。

保護者たちが献身的であったことは、ウーを二〇〇四年の夏季オリンピック委員会の「身近なヒーロー」に推薦したことに表れています。保護者の手紙により、ウーはその年のニューヨーク市の聖火ランナーに選ばれたのです。

市教育部門もウーに全幅の信頼を寄せており、PS一三〇が権限委譲ネットワークのパイロット校になってもらえるように依頼しました。彼女はこのプログラムの大ファンでもあります。

「誰かに監視されるのではなく、自分自身が自らを律するこのプログラムがたいへん気に入っています。このプログラムのお陰で、誰かに監視されて『この取組みを行うように』と言われることがありません。自分たちにとって必要なことを実行できるのです。自分たちで取組みを決定し、やり方も自分たちで決定するのです」

＊　＊　＊

速いシマウマはどのような組織にも、そして多くのポジションに存在しています。しかし、彼らはまだ比較的めずらしい存在です。賢明なリーダーは自分の組織の速いシマウマを見つけて、効果的に活用しています。速いシマウマには複雑な組織の中にある「不確実で危険な水辺」をうまく通り抜ける能力があります。また自らの成果を助けるインフォーマルな関係を育成する知恵も持っています。しかし、それ以上に重要なのは、生まれつきの速いシマウマは確かにめずらしい存在ではありますが、ほとんどの組織のほとんどの人がこのスキル向上の可能性を秘めている点です。

社内のインフォーマルな組織を注意してよく見てください。程度の違いこそあれ、誰もがインフォーマルなネットワークを持っています。しかし、ネットワークを広げることで自分の仕事を豊かにしようとしたり、ネットワークの人に効果的に働きかけて高い成果につなげようとしたりするなど、本当の意味で深く考えている人は多くありません。

ヘンリー・マッキンタイアのような何人かの速いシマウマは生まれつき、もしくは若くしてそのスキルをマスターしています。リリー・ウーなどはもっと厳しい状況で、何年も困難な状況で試行錯誤を繰り返した末にマスターしています。しかしたいていの人が、あと何人かの同僚と感情・理性の両面でつながる方法を身につけるだけで、組織の生産性と業績を著しく向上させることができると我々は考えています。

第8章　凍ったツンドラを溶かす

次のような流れに見覚えはありませんか。

・目標を設定する
・目標達成に向けたアクションプランをつくる
・プランを実行する
・プランがうまくいかないことに気づく
・プランをさらにがんばって推し進める
・いつまでも目標が未達であることに焦る
・さらに強力に計画をごり押しする
・人々が去り始める
・目標を下方修正して達成を宣言する

見覚えがあるのも当然です。これは驚くほど多くの企業が、戦略や変革プログラム、その他あらゆるプロジェクトを実行する際のやり方です。またほとんどの戦略が失敗する理由でもあります。

フォーマルな組織は変化を嫌います。ほとんどの場合、これは正しいことです。予測可能なことと反復可能なことは、フォーマルな組織における長所の一つです。ところが一度フォーマルなものが決定されその運用が開始されると、フォーマルな組織における長所の一つです。ところが一度フォーマルなものが決定されその運用が開始されると、目標やフォーマルなものが持つ権限や繰り返し行われるプロセスに人は慣れてしまいます。そのため、物事が想定通り進まない異常事態になると、フォーマルな仕組みが機能を停止してしまうのは当然で、避けられないことなのです。

では、組織はどうすれば「プランのごり押し↓さらなる機能停止」という悪循環を断ち切れるのでしょう。企業はどうすればこれを「目標を設定↓プランを立案↓実行↓途中でストップ↓得た経験を検討↓計画を変更↓別の方法で実行……」といったアプローチに変えることができるのでしょうか。

そこでインフォーマルな組織の出番になります。ここではカナダの大手通信会社であるベル・カナダのあるリーダーの成功例を見てみましょう。

行動の種をまく

二〇〇三年、我々はベル・カナダのCEO、マイケル・サビアと面会しました。共通の知り合いから、サビアが自社の経営陣との間に抱えている問題について話したいと聞き、このミーティングがセットされました。しかし、我々がその話題を持ち出すと、サビアは首を振って「問題は経営陣だけではありません。組織の末端まで含めたものです」と言い出したのです。

「組織の末端ですか」

我々が予期していた内容と違っていました。

「この組織は停滞しています。さまざまな戦略や組織形態、実行プログラムを導入したものの、そのほとんどが必要な効果をもたらしていません。こちらが望むようには現場の行動改革が進んでいません。したがって、何かが悪いということはわかっています」。

彼は続けました。

「ただ困ったことに、多くのリーダーは頑なにこれまでのプログラム型のやり方をひたすら決められた通り断行したいと考えています。私には今の状態が、まるで地下までカチカチに凍りついたツンドラに何とかして穴を開けようと、ひたすら地面を打ち続けているように思えます」

「凍ったツンドラ」という言葉には、深い意味が含まれていました。

サビアは洞察力のある戦略家で、政府での長い輝かしいキャリアがありました。カナダ国営鉄道で大規模な改革を行ったことが評価され、業績不振だったベル・カナダの再建を担う有力な候補者となったのです。二〇〇二年にCEOに就任した時点では、同社は混乱の渦中にありました。前任者が人気のマルチメディアに跳びついて、あまりにも拙速に新規ビジネスの立ち上げを行っていました。会社があれもこれもと必要以上に事業を拡大して複雑化し、一貫した戦略を失っていました。サビアがCEOに就任した際、会社の戦略を明確にし、組織体制や業務プロセスを再構築し、社内の各層にとっての優先順位や動機づけを新しいビジョンと一致させる必要がありました。

我々が会った時、サビアは考えられるあらゆる打ち手を実行し、それでも顧客満足度を高める行動変化には結びついていないことを語りました。つまり、彼の目標にはほど遠い状態だったのです。

やりたいことは何かを知る

ベル・カナダを巨大な独占企業から顧客志向の競争力ある通信企業へと変えるためには、従業員にこれまでとは異なる思考や行動が求められることがサビアにはわかっていました。新しい環境では顧客に主眼を置いた新しい行動を学習・実践する必要があります。

サビアいわく、従業員がそれに追いついてきていないとのことでした。

「考えつく限りのことを実行しました。戦略を立て直して、業務プロセスの効率化も行いました。コスト削減のプログラムも立ち上げ、必要なスキルの育成に投資もしました。しかし、三万五千人もいる従業員の変化のスピードが遅すぎるのです。彼らは走る車のヘッドライトの前にさらされたシカのように、不安で混乱し、不満を感じています。しかし彼らを責めることはできません」

「これまで試みてきたことは効果が出るまで時間がかかりすぎるのです。いくつかの橋頭堡は確保しましたが、組織が自ら迅速に動くようにする必要があります。やみくもにプログラムを押しつけるやり方を続けるわけにはいかないのです」

サビアの問題は、大企業が急速な市場環境の変化に挑む場合の典型例です。大企業は戦略やオペレーション上の問題に対処するため、次から次にフォーマルの仕組みを導入します。しかし、それでも新たな変化が求める行動変革を実現することができないのです。

サビアは熱狂的な分析好きですが、インフォーマルな組織のことも直感的に理解していました。支店スタッフや技術者、コールセンターのオペレーターや修理担当者といった、日々顧客と接する現場の従業員から変革を始める必要があることも理解していたのです。しかし、三万人以上もの従業員に直接コンタクトするのはほとんど不可能です。そこでサビアは七千人の現場のマネジャーから始めることにしました。マネジャーの行動が変われば、それが分水嶺となっていずれ他の多くの従業員もそれに習うだろうと考えたのです。彼はまず顧客と直接接する部門の管理職に焦点を当てました。

誰を対象にするかだけではなく、何をしてほしいかについても、サビアははっきりとした考えを持っていました。彼は顧客満足度が高い部門ほど、従業員の意欲と満足度も高いことを示すデータを持っていました。そこで対象としたマネジャーに対し、現場の日々の仕事こそが顧客満足につながっているという結果に、もっとプライドを持つよう現場スタッフを動機づけすることを求めたのです。

社内のベストプレーヤーから学ぶ

サビアは変革のスピードの遅さに不満を感じていたものの、直近の従業員意識調査では、たいていの経営者なら十分満足するような前向きな結果が得られ、サビアにも一部の従業員が変わりつつあるのが見えていました。我々はこの人たちとの話合いを申し出ました。

サビアは部下のモチベーション向上で成果を挙げたトニー・クォックら十数人の現場マネジャーと面談する機会を設けてくれました。彼らの役割は、コールセンターの指揮から新技術のアプリケーション開発までさまざまでした。勤続年数もさまざまでしたが、ほとんどが歴戦のベテランでした。全員が難しい仕事を得意とすることで知られていましたが、必ずしも昇進が早いタイプではありませんでした。ただ、彼らが組織にとって貴重な存在であることを疑う人はいませんでした。

クォックたちと話した後で、我々は彼らとそれ以外の「そこそこレベルのマネジャー」との五つの行動の違いを特定しました。

・**部下を知る**　メンバーと意味のあるつながりをつくり、部下一人ひとりを個人として理解し、それぞれにとっての「成功」の定義を知る。
・**成功を称える**　肩を叩くといった自然なやり方でプロセスと結果の両方を称える。結果だけでなく、プロセスについても同様に重要だと考えている。
・**方向性を維持する**　全社の戦略をチームに合った形に落とし込む。いくつかの限られた優先目標を決め、それを追い求める。メンバーの進捗をサポートする。
・**事実をもとに判断を下す**　データにもとづいた明瞭なプロセスで難しい選択をする。常にはっきりと理由を説明する。
・**仕事の枠を広げる**　メンバーのスキルと目標に応じて、職務規程の範囲を超えて仕事の幅を広げる機会をつくる。

どれも単純ですが、その他大勢の行動と異なるものでした。この結果に我々は興奮し、サビアら経営陣に報告しました。報告を聞くと、中には鼻で笑ったり、訳知り顔になったりする役員がいました。そして一人の役員が「これが新しい発見ですか。まったく当たり前のことでしょう」と言ったのです。おそらくそうでしょう。しかし、ではなぜこうした知恵にもとづいて実際に行動するマネジャーはほんの一握りしかいないのでしょうか。五つの行動はわかりやすいもので、すべてのマネジャーが同じ行動を取るのに何の障壁もないはずです。にもかかわらず、トニー・クォックら十数人のマネジャー以外に、日々これらを実行しているマネジャーはほとんどいませんでした。健康的な食事をして、定期的に運動することが大切なのは誰もがわかっています。それと同じで、同意はできても実際に行うことは難しいのです。またリーダーシップのトレーニングや能力開発のプログラムでは、仕事に対するプライドはほとんど話題になっていませんでした。

サビアは他のメンバーほど懐疑的ではなかったものの、完全に満足したわけではありませんでした。

「この五つは確かに我々に必要な行動でしょう」と彼は言いました。

「最初の十数人にこの行動が認められたのは素晴らしいことです。しかし、少なくともあと千人は同じような人たちが必要です。どうすればいいのでしょうか」

いかにも優秀なコンサルタントらしく、我々はわかったような顔で頷きました。そして部屋を出たあとで大きなため息をついたのです。

まず最初に立ち上げてみる

「What（何を）」はわかったものの、「How（どうやって）」が見えていなかった我々は、あらためてトニー・クォックたちの助けを借りることにしました。二〇〇四年の夏、彼らに会議室に集まってもらいました。ほとんどが初対面同士でした。そこで彼らの行動が他のマネジャーたちとどう違うかを説明し、サビアが彼らのような人たちをあと千人急いで育てたいと望んでいることを話しました。初めは彼らも慎重な様子でした。自分のクローンを作ることに興味を示す人など誰もいません。我々は何とか彼らの行動を体系化して、トレーニングプログラムと社員マニュアルに記載したいと説明しました。彼らの表情がさらに疑り深いものになりました。

ひどく息苦しい午前中が終了し、参加者の誰もがほとんど情熱や興味を示さないまま、ウェルカムランチの休憩に入りました。サンドイッチとソーダを手にすると、トニー・クォックたちの表情が変わりました。彼らは冗談を言い合いながら笑っていました。彼らは新生ベル・カナダでのマネジャーとしての苦労や成功を語り合っていました。「そんなこと考えたこともなかった」と口にするのを何度も耳にしました。彼らはお互いから学ぶことで活気づけられていたのです。そこに生まれた新たなエネルギーを感じ、我々はランチタイムを延長することにしました。

ランチタイムが終わり、話を続けるためにあらためて集まってもらうと、彼らは再び退屈そうに自分とは関係がないといった態度に戻っていました。しばらくのあいだ、彼らは我々に適当に話を合わせていました。しかし、ついに朝から一言もしゃべらなかった、あるコールセンターのスーパーバイザーが冗談っぽく質問したのです。

「ランチの時にノートを取ってなかったの?」

彼女が意味したことがわからず、我々は質問を文字通りに捉えて首を振りました。

「あれが私たちの学習法なの。お互いから学んでいるのよ!」

会議室にいた全員が同調するように頷きました。

どうすればサビアが話していた「凍ったツンドラ」を溶かせるのか、そのときわかりました。体系立てたプログラムや予算、役員の承認や新たな職務分掌は必要ありませんでした。単に同じような考えを持ったお互いに尊敬し合える人を見つけ、お互いの経験を共有し、お互いに学ぶことができるようにすることで「はずみ」がつくのです。我々ができることは、同じ考えを持つ人たちのコミュニティを作ることでした。それが成長すれば、興味を持った人々を惹きつけられるのです。

次の数カ月、最初の十数人に同じような動機づけの名人(マスターモチベーター)を探してもらいました。そして二〇〇四年九月、我々は四〇人を集めたフリーミーティングを開催したのです。彼らに広々とした部屋と何でも話せる環境を提供し、それぞれの経験談を共有させることが目的でした。しかし何より重要なのは、サビアもそこに参加して、彼らのような動機づけの名人を見つけて育成し、その数を増やしていくにはCEOとして何をすればよいか、話し合ってもらうことでした。

サビアが礼儀正しくはあるが熱心に話を聞くにつれ、参加者は注意深く慎重にどうすればよいか提案を始めました。誰かが冗談を言い、人々が不安げに笑いました。我々は隅のほうで恐る恐る見守っていました。正直に言って、サビアに説明した活気ある自然な話合いをこの場で再現するのは難しいと思っていました。しかし、徐々に全体の緊張が解けていったのです。

しばらくするとサビアの隣に座っていた一人が勇敢にも、トップからの指示が顧客のニーズとうまく一致していないと指摘しました。次に別の一人が、組織の中間層が顧客に関係ない活動を立ち上げ過ぎて、プログラムが過剰になっていると指摘しました。不安や遠慮が必要ないとわかると、さまざまな方向へと議論が流れ始めました。彼らは組織のさまざまな要素が無意識に見当違いな行動を奨励しているとも言いました。マイケル・サビアが耳の痛い意見にも肯定的な態度を示したことから、このように率直に議論することへの不安が払拭されました。最初のリスクを取った投げかけがうまくいったことで、このコミュニティが以後も継続していくことのできる価値ある場となったのです。

最初の頃とはまったく違った雰囲気の中、グループはセッションを終了しました。次の数週間、彼らは実際の問題解決について協議しました。彼らは真剣にサビアを支援しようと、なぜ現場のマネジャーが効果的に部下を動機づけできていないのか、フォーマルな組織のどの部分を変えるべきかをわかるように説明しました。正しい行動へ導くために必要なことは、このモチベーターたちがすでに行っていたため、外部の一般的なベストプラクティスを導入する必要はなかったとサビアは言います。

このモチベーターたちは、自らの行動を目に見える形で実証し、自分たちのネットワークに入っている人々の行動をすでに変え始めていました。

モチベーションを上げる達人の行動が他のマネジャーとどう違うのかを理解すると、サビアにとっての問題は、どうやってさらに多くのマネジャーに同じ行動を取らせるかになりました。社内で充分な数のマネジャーを団結させて、成功体験を共有させることにより、同じようなモチベーション向上につながる行動に注力させることができれば、決定的な違いが生じるのはあきらかでした。

ただし、サビアはこの活動にあまり深く関与しすぎない必要がありました。彼の支援と参加は不可欠です。しかし、このアプローチはトップ主導ではダメだったのです。サビアの親しいアドバイザーでもある人事担当役員のレオ・ホールは言います。

「我々トップがこの動きの先頭に出すぎると、途端に動きは止まってしまいます。我々トップは組織にいるベストな人材から学ぶべきことを学び、すすんで彼らにリードされるべきなのです」

最初の段階では、この小さなネットワークは口コミで広がっていきましたが、そのうちベル・カナダが必要としていた挑戦のシンボルとなったのです。そしてついにこのインフォーマルなネットワークは、管理できないくらい大規模なバーチャルコミュニティに成長しました。そのため管理部門が支援するいくつかのフォーマルな役割と少額の予算がつけられました。さらに、新しいメンバーを登録する、フリーミーティングを企画する、地域支部を設立するといったいくつかのシンプルな定型プロセスも開発しました。結果的に、わずか二年も経たないうちに二千人以上のモチベーター候補者がグループに参加し、ベル・カナダで最大のコミュニティとなったのです。

もちろん仕事にプライドを持たせる活動は、同社の社内カルチャー改革の一面に過ぎません。しかし、それが現場で重要な変化をもたらす最も重要なエネルギー源となっているのも事実です。

インフォーマルがもたらす効果を証明する

コミュニティが成長して組織のあちこちに影響を与え始めると、その効果が少しずつあきらかになっていきました。しかし、コミュニティが単なるシンボルでないことをもっとはっきり証明したいと考える人もいました。新たに採用された人材育成・組織文化担当シニアバイスプレジデントのメリー・アン・エリオットは、コミュニティ活動について最新の動向をモニターしていました。コミュニティが必要としていたフォーマルな支援体制を設けたのも、コミュニティの動きを社内カルチャーの改革に向けた全社的な活動に注意深く統合したのも彼女でした。

当初、エリオットはプライドコミュニティ活動の価値を、どれほど自発的に活動が広がっているかで評価していました。みんなが忙しい中、わざわざ時間を割いてでもやるべきと考えるなら、実際に何らかの付加価値を生み出しているはずだからです。しかし、ベルの経営陣を説得して、彼らの中にもプライドに対して同じような熱意を生み出すには、もう少し目に見える証拠が必要でした。

そのため彼女は、このインフォーマルな組織のエネルギーと徐々に高まる従業員のプライドが、全社の業績に測定できるほどのインパクトを与えていることを証明しようとしました。エリオットはこれについて、中小企業向け法人部門（スモール・アンド・ミディアム・ビジネス、ＳＭＢ）のトップであるカレン・シェリフから、思いがけず有益なサポートを得ることになります。

疑問を呈する相手を説得する

かつて、カレン・シェリフは、フォーマルな研修と評価指標を強化することで顧客サービスを改善しようとしてきました。しかし結果に満足できず、自部門で成績のよい顧客サービス担当者に協力を求め、彼らが何をしていたのかを調査しました。すると、彼らは顧客との親密な関係を築き、硬直的なルールを迂回するインフォーマルな方法を見出して、単に顧客に言われた問題を解決する以上の仕事をしていました。モチベーターたちがチームの動機づけを行うマネジャーたちの模範であったように、彼らは顧客サービス担当者の模範でした。

シェリフは、彼らの行動をさらに広範囲に広げる方法を知りたいと思いました。そして、このような行動を普及させることが、業績向上につながるのかどうかを確認したいと考えました。最初に、シェリフのチームは模範となる顧客サービス担当者が行っている行動（本人が「やっている」と言ったこと以外も含む）をつぶさに観察し、一〇の模範的な行動を抽出しました。たとえば、ある優秀な顧客サービス担当者が、支払滞納で停止されていたサービスを再開する対応をした時のことです。通常であれば、支払の三日後からサービスは再開されます。しかし、顧客は必死でした。二五万ドルの仕事の契約を結ぶために、顧問税理士と連絡を取る必要があったのです。そこで担当者はこの回線に「連絡は携帯電話にお願いします」というメッセージと顧客の携帯番号を一時的に流し、その上で再開を早める方法を検討すると約束したのです。顧客はそれで一安心しました。この経験から、シェリフは「代替案を用意し、常に何かを提案する」という行動を模範行動のリストに加えました。

それから彼女は平均的な顧客担当者からパイロットグループを組成し、模範行動に焦点を当てたトレーニングを提供しました。その後、パイロットグループと何も変更を加えないコントロールグループの双方について、顧客満足度と電話での問い合わせの解決率を継続的にモニターしました。パイロットグループには模範行動を教え込む一方、全員が仲間として協力して互いにコツを教え合い、自分が最適と思う解決策を考えることも奨励しました。同時に、たとえ時間がかかっても顧客を満足させられるのであれば、マニュアルから離れてもよいとしました。

またパイロットグループに対しては、現場で仕事へのプライドを周囲に広める優れた人物（プライドビルダー）の行動パターンを利用して、プライドをパフォーマンスにつなげる模範行動を示し、それを動機づける働きかけもしました。

SMBのパイロット試験は、注目すべき成功を収めました。顧客調査で、パイロットグループの顧客担当者が、比較対象であるコントロールグループを上回る素晴らしい結果を出したのです。あるパイロットセンターでは、全般的な顧客満足度がコントロールグループを二三％も上回りました。他のパイロットチームでも、初回解決率がコントロールグループと比較して一一％も向上しました。ベル・カナダの経営陣は、この結果に納得しました。そしてこの部門だけでなく、他の部門でもプライドに焦点を当てたトレーニングプログラムを開始したのです。

初期段階において、変革の取組みが経営陣レベルより現場で順調に進捗していることはあきらかでした。サビアの戦略は、意識改革が最も難しい経営陣ではなく、最初は変革を受け入れやすい現場に焦点を当てることから始まりました。現場以上に懐疑的な経営陣に対しては、説得力ある実績という武器が蓄えられるまで待つことにしました。たとえば、何百人もの熱心なモチベーターが、経験談を共有して互いから学んでいる会議への参加がその一つでした。それでも納得がいかなければ、パイロット試験の結果を活用しました。そうやってゆっくりではあったものの、経営陣も着実にこの動きに参加するようになりました。自らが経営陣のネットワークを形成し、さらに大規模なカルチャー変革の指導的役割を果たしたのです。このインフォーマルなグループがプライドビルダーのコミュニティとつながることで、一緒に「ツンドラ」を溶かしたのでした。

ベル・カナダでの成功例

マイケル・サビアはチームとともに、ベル・カナダの一二〇年の歴史の中で最大の組織文化改革を開始しました。プライドビルダーの強力なネットワークをつくり上げると、そのネットワークが自らコミュニティ（二千人のメンバー）へと成長したのです。プライドビルダーは信じられないパフォーマンスを発揮し、三万五千人の従業員の仕事や自らの役割に対する考え方に変革をもたらしました。

二年後、同社は投資家コンソーシアムへの株式売却が決まりましたが、売却価格は社内組織文化の変革のおかげでたいへんな高額になりました。サビアは会社を去り、その一年後、売却計画は白紙に戻りました。ベル・カナダは新たなリーダーを迎え、社内組織文化の変革に取り組みながら、再び戦略を変革へと向けることで、さらなる顧客中心の会社へと変化を続けています。

永久凍土に穴をあける

これと同じようなインフォーマル結集への取組みは、世界中で起こっています。インドは地理的には凍ったツンドラの心配がない国です。しかし、インドのCEOもやはり中間層のマネジャーが永久凍土になってしまい、現場の従業員が停滞して迅速に動けなくなる状況を心配しています。

世界的なITサービス企業であるHCLテクノロジー（HCLT）は、この中間マネジメント層をうまく変革し、画期的な転換を遂げました。五万五千人以上の従業員を擁し、二六カ国で事業展開するHCLTは、インドで最もイノベーション力のあるアウトソース企業とされています。しかし、現在のCEOであるビニート・ナイアが二〇〇五年にCEOに就任した当時、同社は業界トップ四社についていくのがやっとの状態にありました。

ナイアは、現場の従業員が価値を創造する妨げとなるフォーマルな要素が多すぎると考えました。そこで「従業員第一、顧客第二」というプログラムを実施したのです。その考え方はナイアが「バリューゾーン」と呼ぶ部分、つまり実際に価値が生み出される、組織と顧客が接するインターフェースに焦点を当てたものでした。顧客サービスを改善する最良の方法は、組織全体がバリューゾーンのために仕事をすることだと考えたのです。その最適なやり方を検証するため、ナイアは「トランスフォーマー（変革者）」と呼ぶ従業員グループと協力しました。彼らとその周囲の人々が行ったのは、従業員が優れた仕事をする妨げとなるフォーマルな障壁を取り除くことでした。

トランスフォーマーたちは透明性を高め、組織の中に信頼を築くインフォーマルとフォーマルな仕組みをつくっていきました。それだけではなく、「逆説明責任」というコンセプトに基づいて組織階層を逆にすることで、現場の従業員からマネジャーではなく、マネジャーから現場の従業員への説明責任を持たせたのです。ナイアはさらにバリューゾーンの従業員が、マネジャーたち（直属のマネジャーだけではなく、関連する全マネジャー）の貢献度合いを評価する機会を与えました。

「『従業員第一』というポリシーは、従業員のご機嫌を取ればよいという意味ではありません」

ナイアは『ハーバード・ビジネス・レビュー』誌で語っています。

「組織内での階層に関わらず、どの従業員も世の中に影響を与えられる、刺激的なものの一部になれる、プロとしても個人的にも成長できる職場を提供することを意味しています」[1]

トランスフォーマーのエネルギーを利用することで、ナイアは従業員に活気をもたらし、仕事、とりわけ顧客サービスに対するプライドを植えつけたのです。

その結果、HCLTの顧客サービスは飛躍的に向上しました。二〇〇六年から二〇〇八年にかけて、同社はグローバル企業との間で大規模な契約を締結しました。二〇〇八年一二月には、中規模のITコンサルティング会社アクソン・グループを買収しました。この買収により、HCLTはIBMやアクセンチュア、EDSといった大企業と競争するまでの立場になりました[2]。二〇〇八年、ヒューイット・アソシエイツは、HCLTをインドにおける最良企業に選びました。同じ年、『ビジネスウィーク』誌は、HCLTを世界で最も影響力のある二〇社に選んだのです。

＊　＊　＊

もちろん、凍ったツンドラは本当に凍っているわけではありません。自主的な行動や責任感・感情的なコミットメントを軽んじ、あるべき行動を決めつけて忠実に従うだけを要求するから、強力な抵抗が生まれるのです。インフォーマルな組織が同僚間の連携を活性化し、共通の価値観や個々人のプライドの源を感情的につなぎさえすれば、このツンドラが氷解するのは不思議ではないのです。

第9章　決起させる：インフォーマルなマネジメント手法

ここまででおわかりのように、インフォーマルな組織の役割を単なる偶然に任せることはできません。しかし多くのリーダーが犯す間違いは、フォーマルな仕組みの世界のベストプラクティスと同じ方法で、インフォーマルなものを操作しようとすることです。インフォーマルな取組みについて、リーダーはつい階層や手順、報告体系をつくろうとしてしまいます。さらにネットワーキングプログラムの担当者とその運営責任者を任命して、その二人にコミュニティの責任者への報告義務を持たせようとするのです。こうしたフォーマルなリーダーはさらに達成目標と報告責任を決め、重要なマイルストーンとステップを明確に規定したインフォーマルプログラムをスタートさせるでしょう。優秀なネットワーカーにはボーナスも支払われるかもしれません。つまり、彼らはインフォーマルをフォーマルに変えようとするのです。このようなやり方はなぜうまくいかないのでしょう。

残念ながら、このようなベストプラクティスによるフォーマルな経営テクニックは、自然発生的で予測不能な上、常に変化しているインフォーマルな組織に支援を求める場合にはうまく機能しません。インフォーマルな組織はフォーマルな権力には必ずしも従わず、規定された権限は効果がないのです。インフォーマルなマネジメントとは秩序と一貫性、そして複雑な状況に予測可能性をもたらす技術です。インフォーマルをベストプラクティスと言われるフォーマルなマネジメント手法で管理しようとすると、柔軟性や自然発生的なもの、自発的な取組み、感情といったインフォーマルであるがゆえの素晴らしさをつぶしてしまいます。懲罰や金銭的な報酬でインフォーマルなサポートを得ることはできません。感情というものは、合理的な方法にむしろ抵抗を感じるものなのです。

だからと言って、組織におけるあらゆるレベルのリーダーが、インフォーマルな組織から何も得ることができないというわけではありません。ただ、通常とは異なる方法を用いる必要があります。「管理する（managing）」より「決起させる（mobilizing）」という言葉がより的確と言えます。この言葉の違いが二つのアプローチの重要な違いをよく表しているのです。

「決起させる」という言葉は、少しでも大勢の人たちの行動とアイデアから最大の可能性を引き出そうと、人的資源を結集することを意味しています。リーダーは管理したり制御したりするのではなく、インフォーマルな組織に刺激を与えて、正しい方向を示す必要があるのです。

当然、リーダーがインフォーマルの決起とフォーマルの管理の両方にバランスよく労力をかけるのは難しいものです。ほとんどのリーダーはどちらかのみに注目してしまうので、もう片方にも注目してバランスを取る必要があります。たとえば、ベル・カナダの場合、マイケル・サビアはフォーマルな仕組みでは遅々として変革が進まないと気づいた段階で、インフォーマルに助けを求めました。しかし、だからと言ってインフォーマルのためにフォーマルを放棄することはせず、両方からベストを引き出す方法を考えたのです。

特に大がかりな変革が必要な場合、最も効果的な方法は両方を同時に利用することだと我々は考えています。低迷を続けていた医療保険大手のエトナが財務的な壊滅状態を切り抜けた驚くべき話（本稿執筆時点において、最大規模の企業再建事例の一つ）は、この二つのマネジメントスタイルを統合した素晴らしい例です。

エトナの再建

エトナの再建がメディアに報じられた際、記者たちは通常通りフォーマルな要素に注目していました。記事は戦略の革新、トップリーダーの変更、組織再編、コスト・人員削減、バランスシートの強化、予算管理、卓越したオペレーションに関するものばかりでした。確かにこれらはエトナの再建を成功に導いた重要な要素であり、記事の内容は適切なものであったと言えるでしょう。

しかしエトナの話にはこれ以外にも多くのことがあるのです。その中には、フォーマルな要素と同じくらい印象的で、多くの人に影響を与えたインフォーマルな取組みがあります。むしろ、組織文化を生まれ変わらせたインフォーマルな取組みがなければ、再建はそこまでうまくスピーディに行われなかったほどです。フォーマルな大規模再建策の方が世間の注目を集めやすく、エトナの経営幹部たちはフォーマルだけに目を奪われ、インフォーマルを直感と偶然に任せてしまう可能性もあったでしょう。

しかし、エトナの経営幹部たちは両方に同時に取り組みました。そしてまさにその努力が、業績の劇的な回復を確実に加速させたのです。ベル・カナダの再建の場合、フォーマルとインフォーマルの変革は当初別々に実施され、後に統合されました。しかしエトナの再建では始めから統合されていました。エトナにとっては単に業績が上がるかどうかだけでなく、会社の存続自体がかかっていました。

エトナの真の物語は、何度もメディアに登場してきたハートフォードにある本社の巨大ビルではなく、マンハッタンのアッパーイーストサイドにあるレストランから始まります。当時、エトナの会長兼暫定CEOでもあったビル・ドナルドソンが、マウント・シナイ・ニューヨーク大学メディカルセンター（MS／NYU）の経営責任者であるジャック・ロウを夕食に招待したのです。ロウの記憶によると、夕食の目的はエトナの仕事ぶりが外部からどう見えるか、ドナルドソンに自由な意見を述べることでした。ロウは自分の病院からの保険請求がエトナに不当に扱われていると不満に思っており、MS／NYUがエトナに対して訴訟を起こす瀬戸際にまで来ていることをドナルドソンに伝えるつもりでいました。

しかし、会話はまったく違う方向に進みました。ロウが保険請求の問題や訴訟の可能性を持ち出す前に、ドナルドソンが驚くべきことを口にしたのです。ドナルドソンはロウにMS／NYUを退職し、エトナのCEOになる気がないか尋ねたのでした。

ドナルドソンがロウに依頼したのは、次のような内容でした。エトナは財政的に壊滅状態にあり、組織のパフォーマンスと士気は最低の状態でした。ヘルスケア業界はコストの高騰、政府プログラムの失敗、政治的な注目を集めるための場当たり的な政策、欠陥が多いHMO（注：健康維持機構、米国の健康保険システムの一つ）の手続き、などにより厳しい環境に置かれていました。そのため、暫定CEOを勤めていたドナルドソンは、建て直しを託せるような後任を探していたのです。二〇〇二年初期まで、エトナは一日一〇〇万ドルの損失を出し続けていました。

ロウ自身は、自分は大企業の再建の指導者にはまったく向いていない人間だと言います。ロウは非常に尊敬されている医師で、ハーバード・メディカル・スクールの老人医学プログラムやMS／NYUなどで経営を担ってきました。しかし、ロウには営利企業のリーダーとしての経験やきちんとしたビジネススキルのトレーニング経験がありませんでした。

ロウには実績がなく、情熱しか持ち合わせていないことをロナルドソンは気にしませんでした。むしろ、ドナルドソンがロウを自分の後任と考えたのはそれが理由だったのです。夕食での話合いは長時間にわたりましたが、ロウはその申し出を受け入れました。

そしてドナルドソンの賭けは成功しました。たった五年で、ロウをトップにしたエトナは不死鳥のように倒産の危機から立ち上がり、株主への配当は八倍以上にもなったのです。一日一〇〇万ドルの損失は、一日五〇〇万ドルの利益に変わりました。二〇〇六年、ロウがCOOで再建の同志であったロン・ウイリアムスとCEOを交代した時、エトナは北米で近代史上最も成功を収めた再建企業の一つとして広く称賛されたのです。

まず障害が何かを見極める

ロウが二〇〇〇年にエトナの新しいCEOに就任した際、従業員のほとんどが行く末を案じて混乱し、自信を失っていました。それまでの五年間の経験に打ちのめされていたのです[1]。ロウは、こうしたよどんだ空気こそが戦略やオペレーション、財務面の再生よりはるかに巨大な挑戦であることを知ります。感情や組織文化の面からの、組織全体の重苦しい抵抗を何とかしなければと彼は考えました。ロウは直ちに、どれほど賢明で明確な戦略であったとしても、その実行を妨げるに違いない社内の阻害要因を特定しました。それらは以下のものでした。

□粉々になったアイデンティティ

「我がエトナ社」という家族的な企業文化は、歴史的にそこに働く人々が死守してきたものです。過去に人員削減などなく、ほとんどの社員が生涯エトナに勤めるつもりでいました。しかし、ロウとウィリアムズは財務的に生き残るため「効率的、経済的、実務的」な経営スタイルを実施しました。多くの従業員がこの新しいシステムに慣れるのに苦労しており、一生を託したはずの「我がエトナ社」はすでに過去のものになってしまったと感じていたのです。その上、それまでに行った事業の買収と一部売却により、エトナはもはや昔のような一枚岩の文化の企業でもなくなっていました。異なる優先順位・行動・価値観を持つ別々の文化が並存し、これが「我がエトナ」文化をさらにバラバラにしていました。

□モチベーションの喪失

過去五年間にわたり、コンスタントに悪い評判が積み重なっていました。これは業界すべてに共通の問題でした。株主・患者・保険代理店・病院の誰もが、騙されてはいないまでも、保険会社にいいように利用されていると考えていたのです。この悪役のトップにエトナの名前が挙がっていました。従業員には身の危険さえあり、仕事に対するプライドも失われかけていました。かつては皆が自社の商品とサービスにプライドを持っていました。そして自社が従業員にも顧客に対しても誠実であることに誇りを感じていました。それが今やエトナのブランドが何を示しているのか、いつまで存続できるのか、自分たちがその一員でいたいのかさえもよくわからない状態だったのです。このような不安定な状態のもと、雇用の維持はモチベーションを保つ上で最優先課題でした。嵐が静まるか状況が変わるまで、従業員は自らの雇用を守るべく、じっと身をかがめていたのです。何とか方法を見つけて、従業員がエトナで働けてよかったとあらためて感じられるように、また彼らが自らの役割に前向きになれるようにしなければなりませんでした。

□トップリーダーの交代

ドナルドソンがCEOに昇進する前、エトナのCEOと経営陣の体制は、数年の間に三回も変わっていました。そのたびに新しい役員が自らの新たな指示や業務命令、仕事上のルールを打ち出していたのです。そのうちの一人、企業再建の手腕で知られるスティーブ・ミラーは変革と改善を図るため、六つの専任タスクフォースチームをつくり、事業部門を機能ごとに細切れにしました。その結果、ほとんどの従業員にとって何がどう変わったのか、訳がわからなくなっていたのです。しかし、ロウはさらにそれ以上に踏み込んだ変革を推し進める必要がありました。というのも、前任者たちが行った変革へのロジカルな取組みは、組織に深く根ざした「我がエトナ」文化という感情的な要素には、ほとんど影響を与えていなかったからです。

焦って急激すぎる転換を行えば、さらなる混乱や不安、停滞を招くおそれがあることがロウにはわかっていました。何とかそのようなことにならず、感情にも訴えて、行動や業務手順を改革するモチベーションを喚起する必要がありました。

インフォーマルを前提にしたフォーマルな座談会

ロウはフォーマルなプロセスに活力を与えることから始めようとしました[2]。まず自分に直属する取締役会議、経営会議、オペレーション会議を対象としました。

　しかしロウは、フォーマルな仕組みに取り組んでも、彼が直面している感情的な抵抗や文化的な反発にあまり効果がないことを知ります。必要なのは、緩やかな集まりや座談会、そして同僚間のネットワークなど、公式な組織の壁を越えたインフォーマルな仕組みでした。そうした取組みこそが、変革への信頼と支援を促し、エトナの従業員を結集させるのです。従業員のネットワークと連動できることを願いながら、ロウは二つの風変わりな会を設立しました。

□戦略を語る会

　戦略を正しく定めることが重要であるのと同様、社内の多くの部署やさまざまなレベルでカギとなる従業員から、その新たな戦略への感情的なコミットメントを得る必要もありました。そのためロウは形式ばらないグループを立ち上げ、それを「戦略を語る会（The Strategy Council）」と呼びました。戦略立案の経験や分析能力には注目せず、多様な部門から信頼できる人柄とインフォーマルな影響を重視してメンバーを選定しました。つまりロウはOQが高く、さらに「仕事に部下を感情的に巻き込むことができる」、「同僚間に強いインフォーマルなサポート体制を築くことができる」という二点に優れたメンバーを選んだのです。

　この会のメンバーが変革の伝道師となりました。会のメンバーは信頼できる情報源として受け入れられ、部門の同僚とのインフォーマルな連携を通じて戦略的な変革を推進したのです。ロウは経営陣とともに、細心の注意を払ってこのメンバーを選びました。そして、彼らが変革が必要な部門で人々を結集させ、信頼と参加意識を社内に広げようと懸命に動いてくれると信じていました。

□組織を語る会

「組織を語る会（The Organizational Effectiveness Council）」は、戦略を語る会よりさらに変わった集まりでした。しかし、明確で絞られた目的、信頼できる多様なメンバー、柔軟性のあるアプローチという面では同じでした。ただ、その取り組むチャレンジはより幅広いものでした。メンバーは、さまざまな小チームを構成し、インフォーマルなネットワークを活性化することで、組織設計・組織全体のモチベーション・人材開発などの重要な変革の取組みに影響を及ぼしました。

通常、このような業務は人事部の管轄です。しかし、人事部の専門性は確かに役に立つものの、もっと重要なのは組織全体から協力を得ることであるとロウにはわかっていました。組織のさまざまな部門から同僚を結びつけることで、ロウは会社中に支援のネットワークをつくることに成功し、フォーマルな変革を実行する前に支援者をつくることができるようになりました。

ロウはこの会に、社内で尊敬され、他の従業員とのつながりが多い者をメンバーに選びました。そして周囲の従業員と話し合い、その人々の考えを聞き出すよう依頼しました。従業員同士を結びつけ、信頼感を与えることで、ロウとウィリアムズはエトナ全体のインフォーマルなコミュニティのほぼ大部分を活用できる体制を整えました。価値観を共有し、参加意識を高め、エトナの新たなアイデンティティを確立する上で、ネットワークは大きな効果を発揮しました。

こうした会の目的ははっきりしていましたが、その入会基準や運営方法はとても柔軟なものでした。おかげで、会はインフォーマルなネットワークや人間関係、そして協力体制を活気づけることにつながりました。こうした取組みの積み重ねが、エトナのアイデンティティを取り戻し、感情的なコミットメントを高め、度重なる経営陣交代による絶望感を吹き飛ばすのに重要な役割を果たしたのです。

「エトナ・ウェイ」への道

エトナの文化は改革ばかりが続いたため、従業員が拠り所にできるはっきりした価値観がないことにロウは気づいていました。事実、過去一〇年間にかつての経営陣が発表した企業としての公式の価値観（バリューステイトメント）が少なくとも一〇以上もあったと言います。このような既存の価値観を活用したり、あるいは自分自身の価値観にもとづいて新しいバリューステイトメントをつくるのは、ロウにとっては簡単だったはずです。しかしトップダウンで与えられた価値観は、いくら立派につくられていても、変化に疲れた会社ではうまく機能しないと彼は考えていました。

一方で、現実的で実践に落とせる価値観を打ち立てることができれば、行動の変化だけでなく、同時にやる気と熱意を生み出すこともできるとロウは考えました。彼はあらゆる階層の従業員を呼び集める会合を何度も開催して、従業員自身が新たなエトナの価値観を生み出すことを求めました。これはエド・キャロランがストックポットで行った小規模セッションと同じものです。エトナでは何百人もの従業員がこのインフォーマルなセッションに参加しました。話合いは誰もが発言できるように配慮して設計され、率直で正直な意見が奨励されました。個々のセッションでは、特に新しい市場環境を考慮して、価値観に息を吹き込む方法を突き詰めて考えることが参加者に求められました。

セッションで出された意見はバリューステイトメント作成に利用され、最終的にはマネジャー以上の層に向けたリーダーシップの具体的な行動規範に採用されました。これが「エトナ・ウェイ」として知られるようになりました。価値観の文面そのものには、それを作成したプロセスほどの重要性はありません。全レベルの従業員を参加させることで、ロウは何十という数のインフォーマルな議論やネットワークをつくる機会を支援しました。それによって、従業員は新しいエトナへの参加意識を高め、他の従業員とプライドを共有したのです。

変革の初期段階において最も従業員の心をゆさぶった瞬間は、ロウとウィリアムズと経営陣が数百人のエトナ社員に新たな戦略について説明した時に起こりました。説明の内容は論理的かつ分析的な正式のプレゼンテーションで、会社の全領域を網羅的にカバーした文句のつけようのないものでした。プレゼンの最後にロウは質問を受け付けました。

勤続二〇年以上(ほとんどの経営陣より長い)の女性従業員が、ロウの目を見ながら質問しました。「社長、わざわざお時間を取って、詳しいご説明をありがとうございました。しかしどうしてもよくわからないのです。これが私のような一従業員にとってどういう意味があるのですか」

室内は静まり、従業員は不安な様子でロウの回答を待ちました。これがこの場にいる全員にとって最も関心のある問題だったのです。戦略の変更はよくできていて素晴らしいものだが、これが自分にとって何を意味するのか――ロウはじっくり考えながらしばらく黙っていました。

「そうですね。それは、エトナのプライドを取り戻すことにほかならないでしょう」

これがふさわしい答えなのか、その場の従業員たちにどう受け取られるかわからないまま彼はそう答えました。

するとロウ自身も驚いたことに、彼は従業員たちの自発的なスタンディングオベーションを受けました。このシンプルでほぼ偶然の産物であった「プライドを取り戻す」という言葉は、エトナのモチベーションにおけるキーワードとなりました。これを頼りに、エトナは財政危機を乗り越え、再建を果たし、名声を取り戻すことになるのです。

とりあえずやってみて、そこから教訓を得る

インフォーマルな組織を結集する際に難しいのは、それが「複雑な問題（complicated ploblem）」ではなく、「複合的なシステム（complex system）」だとリーダーが理解する必要があることです[3]。

「複雑な問題」の多くは、専門家の知識で解決できます。自宅にあるキッチンのシンクがおかしいと思えば、配管工が問題を見つけて解決してくれます。それに比べて「複合的なシステム」では正しい解決策を見抜くことが格段に難しくなります。なぜなら、ある解決策を実施しても、システムそのものが流動的で、その解決策が引き金となって予測不能な変化をするからです。二〇〇八年後半の金融危機の際、財務省と連邦準備銀行ができたことは、市場が反応しそうな対策を試してシステムがどのように変化するかを観察し、効果のあった対策は拡大、反応がなかった対策は変更し新たな対策を実施することだけでした。このような状況では、直線的なアプローチではなく反復的なアプローチが必要になります。試しに解決策を実行し、システムの反応を観察して、それを教訓とするのです。

デビッド・スノーデンとC・F・カーツが『IBMシステム・ジャーナル』誌で紹介した逸話がこれをよく表しています[4]。陸軍士官学校での最終年度に、何人かの士官候補生が「幼稚園における遊び時間の管理」を依頼されました。彼らにはいきなりその役割が任されたわけではなく、計画を立案する時間も与えられていました。当然、士官候補生たちは優れた戦略家がとる方法を採用しました。スノーデンとカーツは、その顛末を以下のように書いています。

「彼らは計画を立て、理論的に目的を定義しました。万が一にそなえて、バックアッププランと対応プランも決めました。それらの準備を整えてから、彼らは理論的な計画の原則に基づいて子供たちに遊びの『命令』を出したのです。その結果、彼らが目の前にしたのはカオス――大混乱でした」

あっさりと役割に失敗した士官候補生たちは、別のアプローチを取ることにしました。「彼らは教師たちを観察することにしたのです。経験豊富な教師は何かをしようとした際、まず初めに子供たちに一定の自由を与えます。それから子供たちが取った望ましい行動を定着させ、望ましくない行動を止めさせるために働きかけをするのです。賢明な人は望ましい状況にするためには、最初に『スペース＝自由』を与えるのです」

これはジャック・ロウが行っていたことと本質的に同じです。ロウは理論的な分析・命令と管理的な方法を用いてフォーマルな組織を「複雑な問題」として運用しながら、同時に人の感情に対する洞察と「試す→学習する→取り入れる」の流れでインフォーマルな組織を「複合的な問題」として扱いながら解決策を検討していたのです。

全体は部分の総和より大きい

ロウとウィリアムズがあれほど見事にインフォーマルを結集しなくても、エトナの再建が成功した可能性はあります。しかし、その可能性はおそらくわずかだったでしょう。そして、成功への道のりはさらに遠く厳しかったはずです。特に初期の三つの変革への取組みが、従来の「我がエトナ社」文化のインフォーマルな要素をうまく取り込めず、頓挫したことは間違いありません。

あなたもほかの多くのリーダーと同じように、エトナの再建ほど切迫した緊急事態に直面しているわけではないかもしれません。しかし読者のみなさんは、現在の変化の激しい世の中で戦略の立案・実行を行っていると思います。結集と管理を同時にできれば、リーダーは時間を節約しインフォーマルからのサポートを得ることができます。そして戦略や組織構造、業務プロセスなどの変更をより着実に定着させることができるのです。またパフォーマンスに影響を及ぼす行動変革を、さらに迅速に行うことが可能になります。

変化への迅速な対応と自由活発でクリエイティブな機能を組織全体に望むなら、フォーマルなマネジメントだけではうまくいきません。インフォーマルな側面からのサポートが必要になります。インフォーマルな組織を動員することでフォーマルなマネジメントの仕組みがサポートされ、成功率が高まり、組織への定着も深まるのです。

決起させるための原則

残念ながら、インフォーマルな組織を決起させるための決まった処方箋はありません。具体的な方法は、人や場所、状況に応じて創造的にカスタマイズする必要があります。しかし、フォーマルな要素で経営管理しながらインフォーマルな要素を決起させる場合に役立つ、いくつかの原則はあります。

少数の重要事項に集中する

目的やあるべき行動を二つから三つに厳選して、明確に定義します。目的を明確にすると、あらゆることを成果につなげるための流れが強化されます。目的を達成する上で、最も重要な行動を三つくらい挙げておくと、変革の取組みを優先順位づけし、焦点を絞ることができます。これが組織の「北極星」になるのです。それをもとに全レベルのリーダーがフォーマルな要素を適切な方向に用い、フォーマルでは埋まらないギャップを見つけ、インフォーマルがカバーすべき穴を見つけられるのです。分析マニアが好みがちな、たくさんの評価指標が並んだバランススコアカードでは、ほとんどの場合、行動変革の足並みをそろえることができません。複雑すぎて現場の活力を奪ってしまうのです。口コミで変革を広めるには情報を管理せず、あるがままに任せるべきですが、盛り上がった情熱が拡散してしまわないように工夫する必要はあります。少数の重要な目的と行動を定義して常にそこに意識を集中させることで、結果につながらない成り行き任せの広がり方を防ぐことができます。

すでに機能しているものを利用する

それなりの企業であれば、人・組織構造のどちらについてもすでに順調に機能しているものがあるはずです。たとえば、ベル・カナダの場合、マスターモチベーターやプライドビルダーのマネジャーが現場に隠れていました。したがって、新たなモデルは必要なかったのです。また、人はふつう他の組織でのベストプラクティスを利用するより、自らの組織で生まれたものを使うことにプライドを感じます。それによって広まるスピードが速まり、普及を加速させるのです。上から与えるモデルは非常に役立つ場合もありますが、最前線でどのような効果があるかを役員室から予想することは不可能です。おそらくジャック・ロウは自らのコメントである「プライドを取り戻す」にどのような反響があるか想像していなかったはずです。しかしスタンディングオベーションを受けると、即座にそのメッセージの拡大を図りました。

自己増殖する感情エネルギーを育てる

ロウは社員による数多くのアドホックな集まりに参加しました。彼の目的はグループから学ぶことだけでなく、今後の厳しい状況に向けて社員たちを激励することでした。フォーマルな組織から莫大な予算をつぎ込む必要はありません。インフォーマルな組織が持つ潜在的なエネルギーが自ら一つの方向に向かっていくためのきっかけを探すこと、インフォーマルな組織のサイクルを強化すること、社員を互いに連鎖反応させることが重要なのです。

ベル・カナダのコミュニティは学びを共有する会議を開催していました。しかし感情的なエネルギーの多くは、マイケル・サビアたちリーダーが壇上からモチベーターの仕事がどれほど重要であるかを自分の言葉で語り、従業員とインフォーマルな形式で接触したことから生まれています。これが会議室内にエネルギーを与え、オープンで率直な意見交換ができる「安全な場所」を生み出したのです。また従業員間のつながりを奨励し、同僚間で体験談を共有する活動もスタートさせました。参加者はイベント終了後に日常業務に戻っても、同僚や部下に自らが経験した内容を話し、それが口コミで組織全体に広がったのです。

ザクリーの組織再編

ここまで大企業のCEOがインフォーマルな組織をどのように決起させたかをお話してきました。役員が変革に意欲を持つことは常に有益です。しかしインフォーマルの結集では、組織内のすべての人が重要な役割を果たします。次の例で、ザクリーが事業部門を二つに分ける組織再編をスムーズに進める上で、インフォーマルな組織の結集に一役買った二人の中間層リーダーについて紹介しましょう。

二〇〇七年一月、ザクリー・グループの経営は順調でした。同社は創業八五年の同族企業で、多角化を通じて成長を続けていました。一九二二年の創業当初からの高速道路建設事業を土台に、エンジニアリング、採石、公共事業から産業用建設まで、多角的な建設サービスを提供する国際的企業に成長していました。

業界の何年にもわたる周期的な景気変動に耐えたのち、同族企業としての存続を望んでいた二代目CEO、バーテル・ザクリーは経営トップの座を二人の息子であるジョンとデビッドに譲ることにしました。二人はどちらも有能なリーダーと目されていましたが、経験・能力・考え方・経営スタイルはいずれも異なっていました。ジョンは、テキサス大学出身のMBAで産業建設に幅広い経験を持っていました。デビッドは、MBAであると同時にエンジニアでもあり、公共事業を重視していました。

産業建設と公共事業の市場はともに成長していましたが、事業特性が大きく異なる市場となっていました。そのため、バーテルと二人の息子は経営方針を変更して、会社を二つの事業に分割することにしたのです。分割することで、同社はこれまで以上にそれぞれの市場で多くの事業機会を得ることが可能となり、二人の息子の経験と考え方を両方とも活用できるようになります。ジョン・ザクリーが産業建設、工場サービス、エンジニアリングを行う組織を経営し、デビッド・ザクリーが重建設（高速道路・橋）、ビル建設、セメント、採石業務を行うもう一方の組織を経営する形式です。親子三人とも、一つの大企業を二つのより小さな企業に分割することで、戦略的な集中や市場への反応性が高まり、組織の柔軟性や文化の多様性が得られるだろうと考えました。簡単な決断ではありませんでしたが、三人ともその必要があると考えていました。

しかし、この組織再編は大掛かりなものです。何カ月もかけた慎重な検討や事前の計画、さまざまな階層での協議の必要がありました。ジョンは五年以内に会社の規模を倍にし、ザクリーの名前をさらに広めるという目標を掲げていました。デビッドは公共事業とセメント、採石事業で現状を維持しつつ、起業家的な文化と価値あるサービスという特徴を強化する目標を掲げていました。二人とも、同社を同族企業として三代目まで継続させた、その企業としての基本的な価値観は継承したいと考えていました。

業務面においても検討すべき懸念事項がいくつかありました。たとえば、二つの新会社は同じビルではなく別々のビルに入ることになっていたため、これまで共有してきた人事やプロジェクト管理、見積といった多くの機能を分ける必要がありました。いくつかの社会福祉的なコミュニティ活動も分ける必要がありました。

会社の分割を成功させるため、ザクリーの経営陣は感情やインフォーマルな部分を重視したカルチャーチームを設立し、二名を任命しました。社内で評判のよい二人の従業員、ケイティ・ブライトとキース・バイロンです。二人は将来の別会社から、それぞれインフォーマルな組織を動かす力を基準に選ばれました。ブライトとバイロンは二人ともザクリーのインフォーマルな組織の活発なメンバーでした。多数の人々とインフォーマルにつながっていたため（速いシマウマとして）、カルチャーチームに最適でした。二人は社内のいろいろな人と知り合いで、同僚や部下ともよい関係を保っており、評判もよく信頼されていました。

二人は、自らのインフォーマルなネットワークを結集し、従業員の反応を慎重に見守りました。それにより、この組織再編がインフォーマルな組織に必要以上に否定的な影響を与えることを避け、インフォーマルに集めた情報を公式の計画に反映させて組織再編のプロセス管理を支えるという二つを同時に行ったのです。その結果、新しい二つの組織のメンバー間で協力関係が強化され、フォーマルな計画プロセスの円滑化にも役立ちました。

二人には以下のような、多くの責任と役割がありました。

□慎重に考えるべき地雷を特定する

グループでの話合いを通じて、二人は組織を分ける手順について、いくつかの分野は慎重に進めるべきだと判断しました。ほとんどの分野では、組織分割は速やかに一気に行うほうが適切でした。一方、いくつかの分野は一気に分割せず、段階を踏んで行うことが好ましいと判断しました。加えて、新組織ごとに別途検討すべき課題もありました。

□従業員の感情にアンテナを張る

ジョン・ザクリーは、組織再編に対する現場従業員の感情について、幹部に定点観測させ報告させるのを好みました。これに対し、デビッドは従業員と直接話すことが必要だと考えていました。しかしブライトとバイロンはそのどちらのやり方もせず、インフォーマルなネットワークのハブとなる四〇人を特定し、頻繁に接することで、従業員の状態をジョンとデビッドが考えた以上に直接的かつ頻繁に知ることを可能にしました。

その結果、情報源のプライバシーを守りながら、有益な情報をジョンとデビッドに伝えることができました。多くの場合、ジョンは入手した情報を新しいフォーマルなプロセスの作成に使い、デビッドは共有すべき価値観と新会社の起業家的なインフォーマルな要素の強化に用いました。ジョンとデビッドは重要な行動変革の達成に向けて、それぞれ別々の方法を採用しました。また組織ですでにうまく機能していたことを、移行プランに活用しました。

□社内の反応を解釈する

ザクリーの文化と社内での人間関係に長年接してきたことから、さまざまな場所や人々から発せられるさまざまな反応を解釈する上でも、ブライトとバイロンは貴重な存在でした。たとえば、機器部門の一部に不安が広がっているのを察知し、ザクリー家にそのグループに向けたメッセージを発するようアドバイスしました。彼らは、計り知れないほどポジティブな感情エネルギーを発揮し、ネガティブなエネルギーを逆転させせました。それが否定的な反応を肯定的なものに変え、機器部門が他の組織と多くのつながりを持つにつれ、周囲の人たちにも広がっていったのです。

またどちらの新会社もインフォーマルな組織を（会社ごとに別々に）結集して、フォーマルな変更を確実に成功させる必要がありました。そのため同社のカルチャーを検討するチームは、ザクリー文化の重要な特徴が何なのか、また組織再編が二社各々の文化にどのような影響を与えるかを解き明かしました。

ブライトとバイロンは、インフォーマルな組織を結集してザクリーの組織再編を支援する上で重要な役割を果たしました。多くの大企業にもこのようなリーダーはいます。大きな変革が必要な場合、このようなリーダーを見出し彼らのサポートを得る方法を考えることが経営陣の重要な役割です。そして、彼らの協力が会社の大きな方向性にとっても意味があることを伝え、彼らが自らのエネルギーを周囲に広げる手助けをするのです。

＊　＊　＊

したがって、インフォーマルの結集とはフォーマルな要素の管理とは異なります。そこには、単なる言葉以上の違いがあるのです。階層に関係なく、見識のあるリーダーは直感的にこの違いを理解し、両方のよい部分を採用しようとします。さらに、状況の変化に応じてこの二つのバランスを変える重要性も理解しています。

残念なことに、組織は一般的にフォーマルかインフォーマルのどちらかに偏ってしまいがちです。インフォーマルに慣れ親しんだ立ち上げ早々の企業の場合、規模拡大と競争力強化に必須となる業務ルールの定着に失敗することが少なくありません。逆に、規模と一貫性によるメリットを重視する大手企業の場合、グローバル市場が求める複雑な需要への対応と柔軟性を失っていることが多々あります。

個人レベルでも同様に、バランスを欠くことは起こります。フォーマルの遺伝子を色濃く持つ人が、インフォーマルの重要性を見逃してしまう例はよく見られます。実践や成果の向上には不必要なほど、インフォーマルにばかりとらわれる人もいます。どちらか一方に快適さを感じるのは、異常なことでも悪いことでもありません。むしろ、その状態はパフォーマンスを向上させるチャンスなのです。管理することと決起させることは、互いを補完するスキルです。どのような大きさであれ、変化を起こす場合はどちらも重要です。そして変化は常にどこにでも起こるのです。

第10章　今日からやるべきこと

ここまでに登場したケーススタディや実例は、わかりやすくなるほどそうだと思えるものの、読者のあなたは次のように考え始めているかもしれません。

「では、どうすれば現実にそういうことができるのだろう?」

「どうすれば自社のインフォーマル組織を活性化し、結集することができるのだろう?」

「状況の変化に応じて正しいバランスを維持するにはどうすればよいのだろう?」

本章ではまず、組織の誰もが直面する問題に置き換えてこれらの疑問に答えていきます。次に個人、中間管理職、経営幹部の三つの異なるレンズを通して、それぞれ何ができるかという視点でおさらいをします。

パフォーマンス向上への共通の課題

インフォーマルを結集してフォーマルとバランスを取ることの重要性は、実は昔からよく話題になっています。しかし、この問題を自分が取り組む具体的なアクションリストに落とし込んでいる人を見たことがありません。インフォーマルを結集することはあくまで「パフォーマンス向上」という目的に対する手段であり、通常はその目的のことばかり狭く考えてしまうからです。そこで、これまでの章のような単なる事例紹介を超えて、変革を結果につなげるために特に有用なインフォーマル組織に関するヒントを、以下の切り口で解説します。

- 戦略プランニング
- イノベーション
- コスト削減
- 組織文化の変革
- 顧客サービス

戦略プランニング

戦略プランニングは、分析、意思決定、責任設定、実行計画の策定などに代表される、究極のフォーマルなプロセスです。

経営学の世界的権威のひとり、ヘンリー・ミンツバーグは典型的な戦略策定プロセスについて興味深い意見を述べています[1]。ミンツバーグはそのプロセスを、戦略プランニング（戦略目標を個別のプランと実行計画に因数分解して分析する方法）と戦略思考（直感やビジョンに基づき、まだ定義されていない領域から新たな視点を統合する作業）に区別しています。

この観点から、ミンツバーグは二種類の人が協力して戦略を作成することを推奨しています。戦略プランニングを担当する計画のプロがデータを収集し、分析を実行し、実行計画の詳細を練り上げます。同時に、戦略思考を担う思索のプロが必要です。彼らは組織の思わぬ部分からアイデアを見つけ、他人が戦略的に考えることを促し、迅速に実験と検証を行います。これはフォーマルとインフォーマルのバランスと同じことです。

しかし、ほとんどの戦略プランニングはフォーマルな組織の保守派が担っています。分析にもとづいた戦略は、直感にもとづいた戦略より現実性があるように思えるからです。経営コンサルティング会社が、この考え方を強化するかなりの部分の役割を担ってきました。入念に準備された会議、標準的なテンプレート、分析の枠組み、一貫性のあるデータは、すべて説得力のある議論の材料になります。綿密な書類とパワーポイントのプレゼンテーションの形にしたほうが、食事中の思いつきをナプキンに殴り書きしたエキサイティングで精力的なアイデアより、ずっと「正しく」見えるのです。

我々のクライアントであるTモバイルは、携帯ショップのあるべき姿を検討する際にこれとは違う方法を取りました。もちろんデータの収集や他社事例の分析も行い、多くの有用な示唆を得ました。しかし、それと同時にクリエイティブな考え方が確実に盛り込まれるように望んだのです。我々は優れた顧客サービスで社内でも有名だった携帯ショップの店員と話し合いました。そして、そうした優秀な店員がどのように成果を上げているのかを見つけ出し、「並み」のサービスと「最高」のサービスの違いを示した漫画（文字通り漫画の冊子です）を作成したのです。この漫画には、店舗の優れたサービスを可能にする、現場で使える多様なコンセプトが説明されています。このインフォーマルな漫画冊子とフォーマルな分析の双方が、生産性を高める戦略を策定する際の材料となったのです。

☆お勧めのアプローチ☆

フォーマルな戦略策定プロセスと、組織全体の非体系的な部分からのインプットとのバランスを取りましょう（エトナにおけるジャック・ロウの「戦略を語る会」を思い出してください）。新たな洞察を生み出すため、従業員には新しい情報をすべて伝え、その情報が充分に浸透する時間を与えましょう。

イノベーション

イノベーションに関連したコンサルティングの依頼を受けた際、我々は顧客に一つ質問をします。「不採用にしているアイデアは十分な数に達していますか？」[2]

これがイノベーションシステムの強さを判定する際に最もわかりやすい質問です。

ヒット商品を生み出すために、開発プロセスの設計にはさまざまな工夫がなされています。しかし、イノベーションには、単にきちんとした試作品を流れ作業のようにつくる以外に大切な側面があります。高い可能性を秘めたアイデアを採用して、開発から市場へと送り出す能力です。したがって、イノベーションとは単に素晴らしいデザインや研究組織を持つことを指すのではなく、開発、ＩＴシステム、製造、サプライチェーン、顧客サービスの各機能が連携することでもあるのです。

問題の本質は、どのようにクリエイティブな能力（インフォーマル）とプラン通りつくり出す能力（フォーマル）を統合して、イノベーションを持続させればよいかにあります。

これまで見た中で最もうまく機能していた組織では、最も重要な成功のカギは、いかによくないアイデアを却下し続け、いかによいアイデアだけにリソースを集中し市場投入を加速するかでした。そのためには重要な能力がいくつか要求されます。一般的には、初期段階でアイデアの良否の判断を急ぎすぎず、とにかくたくさんのアイデアを出すこと、アイデアの具体化と評価選別に段階的なプロセスがあること、採用・不採用を明確に決定し、よいアイデアにリソースを重点投入するプロセスがあることが挙げられます。しかし、実はあまり注目されない要素も数多く必要とされるのです。

・アイデアの提案者たちが、たとえ自分の提案が認められず最終段階に届かなくても、全社のアイデアポートフォリオ全体で最高のアイデアが推進されることにプライドを持っていること
・研究開発から顧客サービスまで、あらゆる機能からの視点が、フォーマルな決定プロセスで判断材料に活用されていること。そのためには、プロセスが率直な議論と優れた意思決定を尊重する、インフォーマルなチームの規範に支持されるものでなければならない。そうすれば誰のアイデアかではなく、アイデアの質そのものに基づいて最高の結果を目指す意思決定が可能になる
・そして最後に、アイデアを不採用にする時の効果的なマネジメント体制。アイデアが不採用になった際に、フォーマルな人事評価でもインフォーマルな評判の面でも失敗したと感じさせない配慮が必要である。またリソースを可能性の高いものへと改めて迅速に割り当てる必要がある

組織がアイデアを効果的に不採用にしていれば、ここで挙げたほとんどの組織能力が機能している可能性が高いと言えます。インフォーマルとフォーマルがうまく統合していなければ、アイデアをあえて喜んで不採用にすることはないでしょう。「あえて喜んで」というニュアンスに注目してください。インフォーマルな組織は、多くの目にさらして辱しめることで、しばしばアイデアを殺してしまい。

います。フォーマルな組織は、官僚的な対応によって機械的にアイデアを殺してしまうことが少なくありません。このようにアイデアを殺してしまうことは適切でもなければ、有益でもありません。

☆お勧めのアプローチ☆

透明性の高い一元管理型のイノベーションプロセスを採用し、まだ具体的なかたちになっていないアイデアもすぐに俎上に乗せるようにしましょう。プロセス全体でインフォーマルとフォーマルの両方の仕組みを活用し（チームでの意思決定、コミュニケーション、プライドの持ち方、評価指標）、望ましい不採用率を実現できるようにしましょう。

コスト削減

企業は無理なダイエットとよく似たコスト削減を行うことがよくあります。それよりも我々は、健康的で楽しくリバウンドが少ない低カロリーの食事を支持します。残念ながら、コスト削減計画が長期的な成功につながることは多くありません。最近の調査によると、コスト削減効果を三年後も維持している企業はわずか一〇％にすぎません[3]。

コスト削減の取組みは悪循環をもたらす傾向があります。フォーマルなコスト削減計画が実施されると、企業は人員を削減しますが、生産性は上がりません。すると、パフォーマンスも低下します。パフォーマンスの低下を埋め合わせようと、経費が上がります。そして、割高な外注業者やアウトソースにかかる費用で、人員整理によるコスト削減効果が消えてしまいます。最終的に人員が元通り追加され、組織は再び高コスト体質となるのです。

このほとんどは、インフォーマルな組織がフォーマルな組織の指示に関与していないために起こることです。コスト削減が密室で決定され、トップダウンで命令されると、従業員は不安や怒り、混乱の中でモチベーションをなくしてしまいます。彼らはインフォーマルに団結し、コスト削減に抵抗するのです。人員削減は、分析モデルで試算した削減効果では相殺できないほど、価値観の棄損、プライドの源の破壊、ネットワークの機能不全を引き起こします。

これはコスト、特に既存の組織の人員を絶対に削減してはならないという意味ではありません。削減はインフォーマルな組織をうまく巻き込んで行う必要があるのです。コスト削減を命令する代わりに「決起させる」ことで驚くべき結果が得られるのです。

たとえば、テキサス商業銀行の場合、コスト削減の目標をフォーマルな数値（五千万ドルと設定されたが、達成は困難であった）から活力を与える定性的なテーマ（「行員にとって煩わしく顧客にとっても面倒なものの削減」）に再設定しました。このテーマに該当するものが何かを判断するため、経営陣は同行の全従業員九千人のほぼ半分が参加する、何百もの対話集会を立ち上げました。集会で、経営陣は人員削減に向かってではなく、「煩わしく面倒なものの削減」に対して従業員の間にやる気を起こしました。結局、当初の目標であった五千万ドルの倍の削減を果たすことができたのです。

コスト削減に取り組むにあたっては、ネットワークを利用して組織へ情報を提供して活力を与えることは重要ですが、それは簡単ではありません。その取組みを支援するためにインフォーマルな組織が表に姿を現わす必要があります。特に人員削減の取組みでは、会社に残る人のモチベーションを維持するためにも、価値観についてオープンな話合いが重要です。しかし、おそらく最も重要なのは、コスト削減に向けて必要な行動に対してよい印象とプライドを持ってもらうことです。これが多くのコスト削減の取組みに欠落している要素であり、そのために取組み自体が消滅してしまうのです。

☆お勧めのアプローチ☆

コスト削減の取組みには全員参加してもらいましょう。インフォーマルな組織のハブとなる人を見つけ、どうしたら公平かつ透明性があり、迅速に実行できるコスト削減にできるのか、進め方のアドバイスをもらいましょう。コスト削減の発表には従業員を巻き込み、「倹約することに対するプライド」を植えつけましょう（消しゴムを半分にするくらいでは目標達成にはほど遠いかもしれませんが）。最大限の尊敬と敬意を持って人員削減の対象とされた人たちに接し、会社に残る人たちのモチベーションを保つことを忘れないようにします。

組織文化の変革

往々にして組織文化の変革は、大々的な組織変革プログラムのおまけとして扱われます。組織変革プログラムは、人事部門や組織開発の専門家によく知られた理論的なプロセスであり、明確に定義されたゴールや評価指標、プログラムといった伝統的な経営方法が用いられます。残念ながらほとんどの場合、社内文化が実際に変わったことを示す行動変化よりも、プログラムの活動そのものの進捗管理に主眼が置かれています。

すでにお話したように、組織文化はインフォーマルな組織の要素が溶け合って一体となったものです。見落とされがちですが、重要なことの一つに、目に見える実例で企業文化を生きたものにすることの大切さが挙げられます。トニー・クォック、リリー・ウー、ヘンリー・マッキンタイアは重要なシンボルであるだけでなく、行動様式を伝播させることができる生きた手本なのです。彼らは言動が一致しているため、信頼されるコミュニケーターでもあります。組織変革プログラムではよく社内文化の模範となる話を全階層に伝えますが、同僚間における水平方向のコミュニケーションの重要性を見落としがちです。人は同じ仕事をしている仲間から多くのことを学びます。しかし、階層内における上からの要求に多くの時間を割かれるため、なかなかそのような時間が取れません。

☆お勧めのアプローチ☆

組織のさまざまな階層レベルから、影響力を持ったキーパーソン（すでに望まれる行動をしている人物）を一〇人見つけましょう。彼らの協力を得て、変えるべき具体的な行動パターンに注目し、同僚間の連携をスタートさせましょう。同僚間のネットワークをさらに大規模なインフォーマルのネットワークに広げる方法を見つけましょう。はじめからすでに存在しているコミュニティも役に立ちますが、同僚間での新しいつながりをつくることを考えましょう。

顧客サービス

顧客サービスの効果改善は難しい問題です。顧客に自分のニーズに合った特別なサービスを受けていると感じてもらうにはどうすればよいでしょうか。さらに、ブランドイメージの一貫性を保ちながら、そうしたサービスを数千人の現場従業員に広めるにはどうすればよいでしょうか。

これはまさにフォーマルとインフォーマルの仕組みの統合で避けることができる、「効果」と「効率」のトレードオフの問題です。ノードストロームの店員が、店ではタイヤを販売していないにもかかわらず、タイヤの返品を受け入れた有名な話があります。「タイヤなど店舗で実際に販売していない商品の返品も受け入れること」と同社の従業員ハンドブックに記載されているわけではありません。それ以前に、同社には従業員ハンドブック自体がありません。その代わり、同社にはたった七五語からなるスローガンがあります。そこには「我々の第一目標は比類のない顧客サービスの提供である（Our number one goal is to provide outstanding customer service.）」と書かれています。この声明文にルールは一つしかありません。「あらゆる状況において自らが一番よいと考える判断で行動すること。それ以外にルールはない（Use your good judgment in all situations. There will be no additional rules.）」

このアプローチは、ノードストロームの強力なインフォーマルな組織に対する、ゆるぎない信頼にもとづいて成功しています。普通の組織では、従業員向けにもう少し多くのルールが必要かもしれません。ただし、航空業界で起こるような問題には注意が必要です。ほとんどの航空会社のフライトアテンダントは、標準的な業務手順にもとづいて行動しているため、乗客の要望を聞き入れることができません。

一つの方法として、反復可能かつプライドの源となるようなプロセスを生み出すことが挙げられます。たとえば、ヘア・スキン・メイクアップに関する商品を販売しているスパのような店に立ち寄った時のことです。店員がトレイを持ってやってくると、ハーブティー（店で販売しているもの）を勧めました。それを飲みながら、店員にこのハーブティーサービスについて質問しました。

彼女は目を輝かせて細かく説明してくれました。彼女はトレイを両手に持っていましたが、それは自らの時間をすべて顧客のために提供していることを表しています。ほかにもこのプロセスには別の意味が含まれています。彼女は、自分で考えたこのプロセスをあらゆる顧客と共有すること、そしてこのプロセスの持つ意味が彼女のプライドの源になっていました。これは店員に標準的な業務手順を行わせるより優れていると言えるでしょう。

我々の同僚であるトレーシー・エンテルは、「思いやりのエンジン」と呼ぶコンセプトを提唱しています。これは顧客サービスにおいて興味深い視点を提供するものです。組織のエンジンとして現場で思いやりを行動に移すこと、そしてインフォーマルな価値観とフォーマルな情報の流れを統合することにより、企業はインフォーマルのメリットと顧客との有意義なコミュニケーションの両方を得ることができるのです。顧客とのコミュニケーション（リアルタイムでの情報提供など）や顧客サービス全般においてフォーマルなプロセスにデータを利用することによって、顧客のニーズに合わせた顧客サービスを支援することができます。

☆お勧めのアプローチ☆

従業員から話を聞き、顧客サービスの妨げとなっているルールやプロセスを廃止しましょう。顧客サービスを通して、従業員のプライドの源となるものをいくつか広範な分野から用意しましょう。フォーマルな評価基準では見過ごしがちな達成や成果を公に評価する方法を必ず見つけるようにしましょう。さまざまな階層のマネジャーに、顧客の普段の生活や現場での顧客とのコミュニケーションをよく理解させましょう。フォーマルなデータとインフォーマルなエピソードの両方を活用して、顧客の重要性を常に組織に忘れないようにさせ、顧客から見た自社のサービス経験を見える部分も見えにくい部分もモニターするようにしましょう。

個人としてやるべきこと

仕事が面白く、感情面も含めたサポートがしっかり受けられれば、ほとんどの人が素晴らしい仕事をします。しかし残念ながら、ほとんどの仕事は必ずしも面白いものではなく、マネジャーもほとんどがロジカルなアドバイスといった理性面でのサポートばかり得意としています。そのため、割り振られた仕事が難しく自分の知識やリソースで手に負えないとき、感情的なストレスを癒してもらう助けが必要なときに、インフォーマルな組織が真価を発揮するのです。フォーマルな組織は、一般的にこのような状況を見過ごしがちです。フォーマルな組織の場合、人は主に評価基準の達成度や金銭的報酬でモチベーションを高めるもので、仕事に必要なリソースは決められた組織図と人員計画で十分にそろっていると考えるからです。そうした前提があてはまらないとき（往々にして組織の現実はそうなのですが）、インフォーマルな要素が面白くない仕事や難しい仕事をする人々を支援します。

一人ひとりがやるべきこととして、三つのアドバイスがあります。

- あらゆる仕事にプライドを持つ
- 自分のネットワークを確立する
- 自分自身の能力を拡張する

あらゆる仕事にプライドを持つ

好きな仕事でモチベーションを高く保つことは難しくありません。しかし、一日のほとんどが退屈で長時間にわたる仕事だとしたらどうでしょう。この類の仕事をどうやってポジティブに捉え、やることにプライドを持つかは自分次第です。

我々の仕事、つまり経営コンサルティングの世界の例で考えてみましょう。ある種の人にとって、この仕事は魅力的に映るようです。事実、この仕事のほとんどに面白く魅力的な部分があります。

しかし、想像してみてください。やる気に満ちた新入社員が有名大学を卒業し、経営コンサルティング会社に入社します。巨大小売企業の大規模な変革チームの担当になったとしましょう。最初の任務は「店員の職務内容についてまとめること」です。

とがった新人なら「冗談だろう」と思うかもしれません。

「トップに革新的な経営戦略をアドバイスするために入社したのに、職務の記述だって？　こんなもの一時間もあればできてしまう。何て能力の無駄遣いなんだ」

実際に、毎年何人かは経営コンサルティングの仕事に対して、こういった姿勢の新人がいます。しかし同じように能力や才能がある人で、次のように考える人もいます。

「よし。面白そうだ。どうやって相手の目を引き、指導やコーチングにつながる内容を一ページにまとめるかな。この業務は新しい顧客経験を構築する取組みの中で、最も重要かもしれない。クライアントが望む重要な差別化戦略につながるに違いない」

これは少しおおげさかもしれませんが、コンサルティング会社の新入社員の中には本当にこのように考え、自然に自らのモチベーションを高める人もいるのです。彼らは自らの感情の起伏をうまく処理することで、会社の中で「スター選手」となっていくのです。

結局、仕事とは自分自身がどう捉えるかです。したがって、仕事をポジティブに捉え仕事へのプライドを高めることは、誰にでもできることなのです。

自分にとっては一見面倒でストレスフルなものでも、より広い視野から捉えると結局はよりよい仕事をしていく上で、きっちりとこなすべき仕事もあることを理解しましょう。たとえば、カッツェンバックは一日の最後に必ずデスクを完璧に片づけ、eメールの受信フォルダを空にすることにプライドを持っています。その行為を翌日の準備と考えているのです。他のことがうまくいっていない時には、こうした些細なことで気分転換することもできるのです。退屈で長時間続く仕事は、それを他の目標や興味、プライドと結びつける方法を見つけましょう。自らの成功の定義を知り、そこへ向かってできるだけ多くの橋を架けることです。長時間にわたる退屈な仕事をより効果的にこなせる新しい行動パターンを見つけ、周囲で助言してくれる人に自分が何を変えたいかをはっきり伝えましょう。助言者の意見に耳を傾け、彼らの期待を裏切らないようにしましょう。たとえば、新しい資格の取得といった簡単なことでも本気を見せることで、変化に対する挑戦意欲を周囲に認めさせることができます。もしかしたら、同じ問題意識を持つ人といい意味での競争になるかもしれません。

自分のネットワークを確立する

ここまで読んできて、あなたはネットワークがどれほど成果を高める助けになるか考えていることでしょう。難しいのは、自分のネットワークの価値をどのように戦略的に強化していくかです。

ネットワークは空港同士のつながりに似ています。ニューヨークのラガーディア空港からは、東海岸の都市であればどこでも簡単にたどり着くことができます。ワシントン・ナショナル空港を経由しても目的地はさほど増えません。しかしロサンゼルスへ行けば、西海岸とアジアへの道が開けます。最終目的地の選択肢を増やすには、ワシントンよりロサンゼルスを経由するほうがよいのです。人のつながりにおいても同様のことが言えます。

しかし、時間には限りがあり、大勢とのネットワークはつくるのも維持するのもたいへんな作業です。したがって、戦略的に行う必要があります。組織の中で、情報や知識のソースとして重要であるが接触が少ない部門を特定し、優先順位をつけます。この選択した部門で、知識があり評判がよく、他人を積極的にサポートする人物を選びます。ネットワークの多様性は物の見方を広げるだけではなく、職場環境をより刺激的なものにします。

もっとよく知りたいと思う興味深い人物を二、三人選びましょう。お互いがよくわかり合える方法を考えましょう。ただし、単に一緒に飲みにいけばよいという意味ではありません。仕事の上でこちらがどのように相手の役に立てるか、また相手がどのようにこちらを助けてくれるかを理解するために、相手を深く知る必要があるのです。これは双方向でなければなりません。最もよい方法は一緒に仕事をすることです。その中で、相手の利益になるようにしながら関係を深めていくことです。自分の出世のためだけに関係を築く人はごますりと見なされるか、最悪の場合、単に他人を道具として使おうとしていると思われてしまいます。一方で、ネットワーク上の相手にサポートを求めることを躊躇する必要はありません。人間関係は持ちつ持たれつを繰り返すことで構築されます。連携してうまくいけば、次はお互いにさらに大きなリスクを取ってもよいと感じるものです。

自分自身の能力を拡張する

変化は急にやってきます。新しい仕事では、これまでの地位や役割では重要でなかったスキルやコネクションが突然必要になるかもしれません。常に自らについて考えていれば、自分が興味のあるものや、まだうまく使えていないスキルを知ることができます。

クリエイティブな仕事の場合、一見無関係と思われる分野の知識をつなげて意義ある示唆を導き出すことが常に重要です。したがって、新たな状況に備えてランダムな幅広い分野にインフォーマルなアンテナを持つようにしましょう。現在のフォーマルな状況には不要なインフォーマルな能力も、フォーマルな状況の変化によって飛躍的に関連性が増す可能性があります。インフォーマルな能力を開発すると、予想外の変化にもうまく対応することができます。

担当以外の仕事も進んで行いましょう。それを通じて、自分の本当の好き嫌いを知ることができます。いろいろな人と思いがけない出会いをする場をつくり、仕事では直接関わりがないと思われるグループに参加しましょう。同時に、今の役割の自分が他人からどう見られているかを知り、その「自分像」の幅をさらに広げるにはどうすればいいかを考えます。たとえば、製品デザインが得意なエンジニアであれば、新製品の広告コピーの案を考えてみましょう。これまでとは違った種類のネットワークに関与する可能性が高まり、エンジニアとしての視野を広げることが学べるはずです。実際に考えたコピーが使われるどうかは重要ではないのです。

中間管理職としてやるべきこと

中間管理職は、骨の折れる仕事です。目標を達成するには、組織を横断した協力体制が必要です。しかし、自分が直接コントロールできる指揮下には、そのために十分な時間もリソースもありません。報酬によって一部の部下はやる気になりますが、全員がそうではありません。自らの決定の多くは上層部のどこかで却下されてしまうため、計画にはつねにリスクが伴います。中間管理職には、フォーマルな権限やリソースが不足しています。それでも組織を横断した協力体制が必要な仕事が達成されているのは、彼らが組織を超えた「好意のつながり」を利用していることを意味しています。

しかし、自部門の外の力が重要だからといって、自部門のマネジメントを忘れていいというわけではありません。ほとんどの中間管理職が部下を管理する上で、フォーマルな組織に多くを頼っています。しかし、フォーマルな報酬と昇進に引かれて頑張ってくれる一部のハイパフォーマーを除くと、部下をどう管理すればいいか、はっきりとしたガイドラインはありません。フォーマルなニンジンにあまり左右されない大多数の普通の従業員には、本当の意味では手が届いていないのが実態なのです。

そのため、問題は一個人より中間管理職のほうが複雑です。以下に、中間管理職が自らのフォーマルな権限とのバランスをとりながら、部下を効果的にマネジメントする上でのインフォーマルな動き方のヒントを示します。

・ミドルパフォーマーのモチベーションをあげる
・自ら組織の外に踏み出す
・価値観にもとづいた意思決定を行い、尊敬できる同僚と話し合う

ミドルパフォーマーのモチベーションをあげる

特に優秀な従業員（ハイパフォーマー）と、特に苦戦している従業員（ローパフォーマー）をどう管理するかは重要です。ほとんどの組織では、パフォーマンスが両極端な場合にマネジャーがどう対応すべきかに重点を置いています。しかし、彼らは合わせても通常従業員全体の三〇％にすぎません。忘れられている残り七〇％の人々にこそ、さらに大きな改善の可能性があるのです。

パフォーマンスが平均的な従業員（ミドルパフォーマー）を底上げするには、報酬に代表されるフォーマルな仕組みとは必ずしも一致しない、その人個人にとっての成功の定義を理解するよう努めましょう。チームと個人の目的を結びつけ、個人が目的の達成にプライドを持てるようにしましょう。たとえば、昇進よりワークライフバランスを重視しているスタッフの場合、仕事をうまく進めて、そのうえ早く帰宅して家族と夕食をともにできたことを賞賛するのです。

小規模なプロジェクトを通じて、ミドルパフォーマーとハイパフォーマーが関係を築くようにしましょう。実際に仕事を一緒にすることで、ミドルパフォーマーがハイパフォーマーから仕事のやり方を学習します。ときには、それが長く続く師弟関係になることもあります。ただし、無理に師弟関係を強いることは避けてください。無理強いされた関係がうまくいくことはほとんどありません。このようなポジティブな関係性はハイパフォーマーの役割も広げ、満足度を高めます。またリーダーに必

要なコーチングの役割を果たすための準備段階にもなるのです。

組織が成功とみなす枠を広げて、平均的な部下の達成も表彰の対象にしましょう。ただし「残念賞」だと感じさせない工夫が必要です。このような取組みは、普通の従業員が果たす重要な役割に対する本当の意味での称賛であり、ありがちで過剰に注目されやすい、ハイパフォーマーへの賞賛とは位置づけが違います。たとえば、社長賞を連発するスター選手の仲間入りをしたことがない堅実な営業マンに対しても、売上の絶対額でなく地道な貢献と改善を評価する方法を見つけましょう。

自ら組織の外に踏み出す

組織で物事を進めるにあたって、フォーマルな組織から最も制約を受けているのが中間管理職のマネジャーです。そのため、彼らにはフォーマルな肩書きを超えたインフォーマルな存在感と人脈が必要になります。中間管理職として悪戦苦闘する立場にあれば、自分の部下と同僚だけでなく、他部門のキーパーソンや意思決定を行う上層部とインフォーマルな関係を構築する必要が出てきます。物事が決まる上で、どこが重要な部分か理解し、そこに集中することで、周囲との関係構築や折衝に向ける部門の能力とリソースに優先順位をつけることできます。

どのルールは守り、どのルールは守らずに拡大解釈するかを選別しましょう。多くの場合、公式の規定はフォーマルな組織が人に左右されないようにするために設けられています。組織の問題児になるのではなく、いつどこで流れに従って行動し、いつ影響力を及ぼし、いつ避けて通ればいいのかを知っている「速いシマウマ」のような行動が必要です。自分のチームに管轄外の領域での活動をさせる場合は、あなた自らチームを守るクッションとして働くとともに、問題が発生した際はそれを解決してくれるスポンサーを探す必要があります。さらに、あなたやそのチームの刺激とエネルギーに触れさせることで、組織の外からもサポーターを集めましょう。通常、人は組織の中で誰の味方をするかについて決まりごとには左右されず、驚くほど自分の裁量を持っています。誰かに何かで助けてもらったら、必ず相手に感謝して助けてよかったと思わせることが必要です。すると相手は目標達成に向かってさらに積極的に支援してくれるのです。

価値観にもとづいた意思決定を行い、尊敬できる同僚と話し合う

あなたがどのような意思決定をどのように行うか、周囲は見ています。意思決定のロジックは往々にして明瞭です。明瞭でないのは、どのような価値観がどのようにその決定に影響を与えたかです。ある実行案の意思決定を行い、その結果をあなたの同僚たちが引き受けなければならない状況を想定しましょう。このような決定が下されると多くの場合、同僚たちはその後の実行フォローに労力を割かれますが、本来はその労力を別の仕事に注ぐ選択肢もあります。このような決定を下す場合、関係者の関与に特別な配慮を払う必要があります。関係者全員に決定する際の投票権を与えろというわけではありませんが、その決定がどのようになされたのか、理解できるようにする必要があります。

まず自身の言動を一致させましょう。決定に恥じない行動をしてみせることが大切です。そして重要な決定事項については、フォーマルとインフォーマル両面でどのような要素が検討されたのかを頻繁に伝えるようにしましょう。これにより関係者は、価値観が決定に対してどのように影響を与えたかを理解でき、自らも同じようにその価値観を適用できるようになります。同時に、決定と行動の背後にあるさまざまな価値観の対立構造も明確にしておく必要があります。極端な矛盾とまではいかな

くても、ある決定についていくつかの価値観が必ずしも一致しないこともあるからです。たとえば、我々コンサルタントの仕事では、クライアントへの貢献と社内の人材育成が価値観として重視されています。ただし、価値観のいずれかを選ばなければならない場合、つまりクライアント側のニーズにもとづいて育成に最適なプロジェクト経験の積ませ方を変更しなければならない場合や、その逆になる場合も時にはあります。しかし、我々が常にクライアント側のニーズにもとづいて決定を行えば、人材育成という価値観は有名無実となってしまいます。

経営幹部としてやるべきこと

経営幹部はスポットライトの中にいます。その行動は多くの人から綿密に検証されます。インフォーマルな組織では特にその傾向が強くなります。また残念なことに、物事を失敗に追い込んでしまうのも経営幹部が一番多いのです。経営幹部は組織の誰より大きなフォーマルの権限を持っています。そのため、何かをするのに権限ばかりに依存する誘惑に駆られやすいのです。多くの経営幹部はインフォーマルな要素があくまでフォーマルな要素に従って連携するように望んでおり、フォーマルの邪魔をしてもらっては困ると考えています。もしフォーマルな要素に頼ってインフォーマルな要素は放っておけばついてくると考えているのであれば、インフォーマルの可能性を活用することはできません。

また一方で、経営幹部はインフォーマルの触媒や調整的な役割を果たすべきで、そのなかでリーダーになるべきではありません。組織に有用となるモデル従業員の育成を促進し、他の従業員が利用できるインフォーマルな能力の可能性につながる種をまくべきです。フォーマルとインフォーマルの全般的なバランスは経営幹部の責任です。フォーマルな組織が効率的に機能し、インフォーマルな組織が活力を与えるようになっているか、二つのバランスをモニターする必要があります。同様に、不測の事態に組織を導く「速いシマウマ」が十分な数、確実に育つようにする必要もあります。フォーマルな情報は報告書として大量に提出されますが、インフォーマルの状況を把握するのは簡単ではありません。特に役員室にただ座っているだけでは難しいでしょう。

以下に述べる我々の提案はほとんどが、あなたの現在の行動とは違う方向になっているはずです。その違和感こそが、まさしくあなたに学んで欲しい示唆です。現在の快適なゾーンの外に出なければ、チャンスを失っていることになります。基本的な原則をまとめると、以下になります。

・現場スタッフから学ぶ
・繰り返し物語を語る
・実験をする

現場スタッフから学ぶ

現場を歩くことの重要性は、いくら指摘してもすぎることはありません。ポイントは、自分や上司のリスクにならないよう、現場スタッフが正直かつ安全にあなたに伝えられる機会をつくることです。ある会社では、オフィスに閉じこもっていた役員が「歩き回る」よう強く勧められた結果、やってみたら本人も周囲も居心地が悪く、結局部下たちが歩き回るのをやめてくれと頼んだ例があります。このようにならないためにも、以下の点に留意してください。

□相手の立場になって考える

相手と同じ仕事を一日やってみて、そのプライドの源と不満を実際に感じてみます。組織が無意識に設置した仕事の障害を知り、手本となるスタッフがどのように障害を避けて仕事を行っているか注意して見てみましょう。現場の手本となるスタッフの見識は、トップリーダーにとって貴重な情報です。また皆さんが現場の従業員と過ごした時間は、彼らの役割の重要性を示すメッセージとなります。

□組織のさまざまなレベルでオープンな会話ができる討議会を始める

経営幹部が現場のインフォーマルなリーダーの話を定期的に聞け、彼らがアイディア交換をできる安全な場所をつくります。経営幹部のあなたには、フィルターを通さないデータが必要なのです。彼らはあなたと直に触れることで元気づけられるでしょう。逆にみなさんは、組織の成功に対して役に立ちたいという彼らの情熱に勇気づけられるはずです。彼らとみなさんとの接触を心配するマネジャーもいるかもしれません。しかし、みなさんが得た見識を共有することで、そういったマネジャーの心配も和らげることができます。

□現場で何が機能しているかについての仮説を常にアップデートする

実際に現場を効果的にするのが何なのかをじっくり考え、見聞きした一次情報にもとづいて仮説を常に修正します。仮説は目には見えませんが、多くのフォーマルなプランや組織のデザインに反映されます。たとえば、経営幹部のモチベーションを高めるものが、現場のモチベーションも高めるとするのはよくある勘違いです。

繰り返し物語を語る

経営幹部の間のコミュニケーションは、レポートやパワーポイント、分析グラフに過度に依存しています。リーダーは物語を語る必要があります。物語でこそ、組織の人々に何が重要なのかが伝わり、また聞き手自身がストーリーを繰り返すことでメッセージ性が増幅します。自分が考えた物語でなくても、よい話であれば何回話しても害にはなりません。

組織に広げたい行動のモデルとなる人物を見つけ、彼らがどのような人たちでどのように行動しているかを語ります。その行動が組織の未来のあり方を象徴しているにもかかわらず、目先の業績評価では脚光を浴びない人物に特に注目しましょう。

モデルとなる人々に話合いに参加してもらい、どういったインフォーマルな行動がそれほど効果的なのかを明確にします。彼らが実践しているのはどのような価値観でしょうか。フォーマルな組織を超えた関係をどのように構築しているのでしょうか。どこからくるプライドを利用し、周囲の人にはどのようにプライドを持たせているのでしょうか。他の人たちがやっていない、どのようなことをやっているのでしょうか。

周囲からのサポートを受けましょう。多くの経営幹部は物語を語るのが得意ではありません。話が得意な人を見つけて、記憶に残る洞察に満ちた個人的な体験を言葉にするのを手伝ってもらいましょう。そして協力してくれる人の前で二、三回練習してみます。

実験をする

インフォーマルな組織は、フォーマルとの境界線を常にテストしています。近道・回り道・迂回といった方法を使うことで、フォーマルではできないやり方で仕事を遂行します。これは自然なことです。フォーマルは同質性を目的としていますが、インフォーマルは個性を奨励しているからです。経営幹部は、フォーマルな組織の目的を壊すことなく、組織にとって有益な学習機会となるテストやパイロットプログラムに、暗黙の了解を与えることができます。これがフォーマルな仕組みにおける大幅な改善のきっかけとなる場合もあるのです。

フォーマルな組織において、通常とは違ったやり方でハイレベルなパフォーマンスを達成するイノベーター候補を探しましょう。彼らはよくフォーマルなルートを補う新たな手順を考案しています。イノベーター候補であり、同時に「速いシマウマ」でもある人材を見つけ、そのネットワークに関する能力が多くの人を巻き込み、本人たちが持つ革新的な本能を開花させる役割につけましょう。

彼らには、自分の成功を組織に拡張させる余地を与えましょう。テストについて、明確な目標を設定して責任を持たせます。あなたが目指すものと、彼らがそのプロセスを迅速化する方法をはっきりとさせます。

必要なリソースを提供して、仕事をサポートしましょう。ただしテストがあまりにも簡単になり過ぎないように、提供するリソースを調整します。少しは彼ら自身に努力させることも必要です。それにより創造性が高まり、達成時の満足度も高まります。達成した時だけではなく、必ず仕事の過程にもプライドを持たせるようにしましょう。

来週の月曜日から

本書を読んだ効果を最大にするベストな方法が一つあります。学んだことを一つ選んで、自分の立場にあてはめ、これまでと違うやり方を実践することです。つまり、組織を変えようとする前にあなた自身が何かを変えるのです。

もちろん、あなたはあなたであって、今から自分を本質的な部分で変えることはおそらく無理でしょう。またそれが重要な点でもありません。しかし実践することで、今と同じ役職であっても、インフォーマルな組織をこれまで以上に活用できる新たな行動がいくつかあることは間違いありません。それが何かを考えて、来週の月曜日から試してみましょう。新しい年度や、大きなプロジェクトが終わるタイミングや、昇進や異動を待つべきではありません。しばらく試して、最初の行動がうまくいけば、次を試してください。最初の行動がまったくうまくいかなくても、あきらめずに次を試しましょう。最終的に変革が起こり、パフォーマンスが向上するはずです。

終章

本書を執筆している今、我々は過去一世紀で最も厳しい景気の落ち込みから脱出しようとしています。人々は、穴から顔を出したらいつものように仕事を続けたいと願っています。しかし、従来のビジネスのやり方が今後は通用しないことは、誰しもわかっています。世界はここ数年で急激に変化しており、本当の意味での「グローバル化」の影響が徐々に明らかになり始めました。中国はすぐに英語を話す人口でも世界一になるでしょう。今や一年間で生み出される情報は過去五千年間で生み出された情報を上回っています。フェイスブックの登録者数は、ほとんどの国の人口を超えています。一年に送信されるテキストメッセージの数は、この星の人口を上回っています。

しかし、人間自身にほとんど変化はありません。人はよい仕事をしたい、仕事に誇りを持ちたいと思っています。他の人々とよい関係を築き、価値観を大事にしたいと考えています。こういった強い欲求は、社会や技術、地球環境の変化の中でも変わることはありません。

ますます変化が激しくなる世界を乗り切るためは、個人、リーダー、社会が、この根本的な欲求をうまく活用する必要があります。インフォーマルな組織はあらゆるところに存在し、共通の目標達成に向けてともに働く人々にコンスタントに影響を及ぼしています。誰でも知っている経験知としての側面が強いインフォーマルは、プロフェッショナルで体系的なフォーマルの陰に隠れてしまうことが多いようです。学校の改善を目指したリリー・ウーも、現場に活気を取り戻そうとしたトニー・クォックも、国連で活躍したヘンリー・マッキンタイアも、会社に変革を起こそうとしたジャック・ロウも、どの例でも動機づけ、協力、創造、洞察といった本質的な要因に変わりはありません。組織によって直面する課題は違っていても、そこに勤めているのは同じ人間なのです。

流行りの経営理論は、古いものを捨てて新しいコンセプトをつくり出すことを奨励しています。しかし我々の主張は違います。むしろ、以下のような基本をもう一度見つめ直すべきです。

・フォーマルな経営アプローチの維持・強化に努めましょう。ただし、フォーマルなアプローチの限界も理解しましょう

・インフォーマルな組織を混沌とした手に負えないものと見るのをやめましょう。インフォーマルな組織に影響と活力を与えることで、業績や戦略的な取組みを改善できるのです

・インフォーマルな要素をフォーマルな要素と同じ方法で管理しようとするのはやめましょう。状況が悪化するだけです

インフォーマルな組織が結集され、フォーマルな組織とのバランスが保たれると、すべての考えがまとまって完成されたものとなり、業績はまったく違う段階へとレベルアップします。これはブランコを押すのと同じです。押す人とこいでいる人の動きが一致して初めてブランコは高くまで上がるのです。

我々はさまざまなタイプの組織と仕事をしています。インフォーマルを好む組織もあれば、相対的に見てフォーマルに偏っている組織もあります。しかし、多くの組織は二つのバランスについて考え直そうとしています。すべての顧客において、個人、マネジャー、リーダーが従来よりも高いレベルに到達できるお手伝いをすることが我々の関心事です。この本のように組織内の複雑な人間行動をはっきり二つに分けることは、現実を簡略化しすぎたかもしれないとも思います。しかし、組織論ではなく実際の変革が必要なリーダーにとって、この二つの区分けは人間行動の複雑な理論よりも実質的で役立つ考えをもたらすと自負しています。

この本はそうしたリーダーに向けて書いています。本書に出て来る多くの実例やケーススタディは、フォーマルとインフォーマルの双方の組織から最高の成果を引き出す際の複雑さを説明しています。また同時に、リーダーが双方の組織を統合させるさまざまな方法も例示しています。個人、チーム、企業を問わず、最高のパフォーマーとその他大勢を分かつのはこの考え方、つまりバランスと統合への情熱なのです。

そしてこの道を進むにつれ、両者を統合させることが常に変化するダイナミックな目標であることがわかるでしょう。本書では参考になると思われる考え方や選択肢、アプローチ、実例を挙げていますが、皆さんの文脈や組織のＤＮＡにうまく合うのは、そのうちの一部だけと思われます。

試行錯誤を通してこそ、ここで紹介した以外にも皆さん独自のやり方が見つかり、きっと「組織のラインの外側からリードする（leading outside the lines）」際の役に立つことでしょう。

【参考文献と研究方法について】

本書で紹介したのは、さまざまな情報ソースからのエピソードである。大部分はクライアントとの仕事における我々の体験談である。話に出てくる人名は、プライバシーを守るために一部で仮名を使用しているが、基本的に実名が使われている。状況描写や会話の中身も、できる限りその当時をありのまま再現した。しかし、会話は録音ではなく記憶にもとづいているため、一字一句正確ではない。会話の相手に内容を確認してもらい、そのコメントにもとづいて修正している。我々の直接の体験でなく、他の人々の体験談からヒントを得た二次情報を加えた話もある。情報ソースが特定できる場合は（注）に記載した。中には複数のソースからの一般的な情報にもとづいて記載されている部分もあり、特定の情報ソースがない場合は出所についての記載は割愛した。

序　章　コールセンターの「壁」

コールセンターの話は、カッツェンバック・パートナーズのクライアントで、ミシガン州トロイにある企業に関するものである。同プロジェクトでは「職場のヒーロー観察」と呼ぶアプローチを実行した。現場で模範となる例と凡庸な例を徹底的に観察し、それらの間の違いを具体的に特定するものである。登場人物の名前は変えてあり、実例をわかりやすくするため、詳細も若干変更されている。

第1章　フォーマルは論理、インフォーマルは魔法

この議論の背景となる、フレデリック・テイラーとダグラス・マグレガーの論争は有名なものである。この章ではそれらについて複数の情報ソースを統合している。ハロルド・レビットのエピソードは、彼の著書 *Top Down : Why Hierarchies Are Here to Stay and How to Manage Them More Effectively* (Harvard Business School Press, 2004) を参照した。カハ・ナバーラ銀行の話は、Leaders 誌やフィナンシャル・ブランド・コム (www.thefinancialbrand.com)、同行のイノベーション部門のトップであるパブロ・アルメンダリスのプレゼンテーションなど複数のソースにもとづいている。

第2章　バランスが変わるとき

ホーム・デポについては、もともとは以前の著書 *Peak Performance : Aligning Hearts and Minds of Your Emploees*, Harvard Business Press, 2000.（邦訳『コミットメント経営――高業績社員の育て方』ダイヤモンド社、二〇〇一年）の関係で研究を行った。我々はこの研究からフォーマルとインフォーマルのもととなる発見を得ている。ホーム・デポにおける最近の情報は、一般に公開されているソースからのものである。またそれに加えて、過去に経営幹部を務めた二人への匿名インタビューから、より深い理解を得ることができた。本章では二人を「ヘンリー」という一人の仮想の人物で表している。チェスター・バーナードの著作は、古い文献から発見した嬉しい驚きである。カッツェンバックがまだ学生の頃、バーナードは経営学の泰斗のような著名な存在だっ

た。しかし残念なことに、彼の知恵も最近ではほとんど注目されることがなくなった。スターバックスについては、カッツェンバック・パートナーズが先に発行した *The Informal Organization* から引用している。クン族についてはいくつかの情報ソースで補足した。非常に興味はあったものの、現地調査は行っていない。「変化し続けるバランスポイント」の節で説明したバランスポイントの道筋は、複数のクライアントに転機が訪れるのを目にした我々の経験に基づいている。eBay の話は *The Informal Organization* に記載されたものである。

第3章　フォーマルとインフォーマルの統合

我々はよくメアリー・パーカー・フォレットの著書から引用する。彼女の著作も最近では見過ごされている過去の知恵の好例といえるだろう。「一部の社員を爆撃して追い出す（bomb that minority right out of here）」ことを望んでいたこの社長は、他の章でより詳しく紹介したトップと同一人物である。あえて会社名は伏せている。エンロンは「もう少しで我々のクライアントになりそうだった」企業だった。カッツェンバック・パートナーズでは同社の破綻直前に、プロジェクト提案書作成のため従業員の意識を調査した（提案書は受理されず）。オルフェウス室内管弦楽団については、その魅力的な組織への理解を深めるため何人かにインタビューを行い、そのインフォーマルな組織を生かした戦略プランの作成を無料で支援した。カッツェンバック・パートナーズは、ヒューストン警察でも変革を支援した。そのときの経験を、本書の出版用に特別に行った追加インタビューで補足している。

第4章　重要なのは仕事そのもの

日々の仕事でモチベーションを向上させる上でプライドが重要であることについて、著書*Why Pride Matters More Than Money: The Power of the World's Greatest Motivational Force*, Crown Business, 2003. のために実施した調査研究の後、クライアント数社での実際の仕事によって新たな発見を加えた。外的な報酬がモチベーションに与える影響については多くの領域で研究が行われている。我々は教育分野での研究を主に参照した。特にキャロル・サンソーンとジュディス・ハラッキウィッツの*Intrinsic and Extrinsic Motivation : The Search for Optimal Motivation and Performance*, Academic Press, 2000. が全体像を知る上で役に立った。マスターモチベーターについての解説は、一〇〇を超える詳細なケーススタディにもとづいている。個別の行動は企業によって異なるが、共通する全般的な特徴を記載した。ケン・メルマンの話は本人とチームのメンバーへのインタビューにもとづいている。

第5章　価値観が組織を動かす

エンロンと米国海兵隊のバリューステートメントは一般に公開されている。それ以外にも我々はどちらの組織とも直接関わった経験があり、両方の組織がどのように価値観を実践するかを確認している。マッキンゼーに三九年勤めたカッツェンバックの経験と、同社におけるマービン・バウアーとの親密な仕事上での交流が、有名な「マービンならどうするか」のエピソードのもととなっている。ジェントル・ジャイアントは、『ウォールストリートジャーナル』の記事で見かけた事例である。

我々のチームは同社に出向いて数人にインタビューを行った。カッツェンバックはジェントル・ジャイアントを自分の家族の引越に利用した。その際、ジェントル・ジャイアントの一人ひとりに合わせてくれるサービスを身をもって体験している。引越の途中で何かがうまくいかなくなると、数人の管理職が加勢に駆けつけたという。リライアントはカッツェンバック・パートナーズが長期にわたって支援を続けている重要なクライアントである。実際にプロジェクトを通じて得られた経験を、本章で記載した何人かのインタビュー内容で補足した。ネットワークを通した価値観の「伝播」に関する興味深い研究は、当初『ニューイングランド・ジャーナル・オブ・メディシン』誌に掲載されたニコラス・クリスタキスとジェームス・フォーラーの記事で評判になったことから注目した。面白いことに、我々の個人的なネットワークにいる約一〇〇人が、示し合わせたかのように、この記事を我々に教えようと送ってくれた。

第6章　パフォーマンスの重要性

初めてエド・キャロランに会ったのは、キャンベルスープカンパニーですでに優秀なパフォーマンスを示していたチームをインフォーマルな組織を利用してさらに強化する依頼を受けたときだった。以後の訪問では、ストックポットのパフォーマンスを改善した彼の成果指標（他の手法も含む）に対する実に注目すべき考え方を知ることができた。カッツェンバックがプレゼンを行ったテレテックの会議では、グレッグ・シーイーの興味深いアプローチについて初めて知ることとなった。その後何回かのインタビューを通じて、文字通り組織のラインの外側から相手をモチベートした彼の考え方を学んだ。カイル・イウォルトは長年の同僚である。ここで紹介したのは、他にもたくさんあるエピソードの中の一つである。

第7章　「速いシマウマ」を解き放つ

カッツェンバック・パートナーズは、国連でマーク・ウォレスの仕事を支援した。その後、彼とヘンリー・マッキンタイヤにインタビューを行った。リリー・ウーにはこれまで数回会ったが、正直なところ校長室で彼女に会うことを思い出すと、今でも緊張させられる。PS一三〇の無秩序な環境は、エリック・ナデルスターンに会ったニューヨーク市の教育部門のオフィスとはまるで違う対照的なものだった。

第8章　凍ったツンドラを溶かす

カッツェンバック・パートナーズは、数年にわたってベル・カナダの仕事を担当した。我々の初期の考え方は、マイケル・サビア、レオ・ホール、マリー・アン・エリオット、カレン・シェリフ、そして何より重要なプライドビルダーのコミュニティと密接に仕事をしたことで発展した。彼らはとても独創的なアプローチで社内文化を変革し、高いパフォーマンスを達成した。

第9章　決起させる：インフォーマルなマネジメント手法

カッツェンバック・パートナーズは、ジャック・ロウがまだマウント・シナイ・ニューヨーク大学メディカルセンター（MS／NYU）にいた頃から、彼の仕事を担当していた。その後、エトナの再建においてもさまざまな課題を彼とともに担当した。ザクリーを二社に分社化する際も、我々は数年間その仕事を担当している。

第10章　今日からやるべきこと

本章で挙げた提言は我々の顧客における、さまざまな経験にもとづいている。インフォーマルな組織を直接ビジネスの課題のもとに結集させるという場合は、特にこれらがあてはまるはずだ。テキサス商業銀行の話は、著書 *Real Change Leaders*, Crown Business, 1995.（『リアル・チェンジ・リーダー』講談社、一九九八年）に書いたように、カッツェンバックの同行での経験にもとづいたものである。興味深いことに、カッツェンバックが同行の仕事をした時の経営幹部であるアニータ・ワードは人類学の学位を持っており、舞台裏で重要な役割を果たした。同様にリーダーに対する提言については、直接的には顧客との仕事でさまざまなリーダーシップの役割についてガイダンスを求められたこと、間接的には才能のあるリーダーの観察やインフォーマルなコーチングにもとづいている。

診断ツール①　ＯＱ診断テスト

このＯＱ診断テストは、フォーマルな要素とインフォーマルな要素の両方を利用して、高いパフォーマンスを達成する能力を評価するツールである。質問には、あなたの組織がいつものように動いている状態を思い浮かべて答えてもらいたい。

以下の１から１０の質問について自らの行動をイメージして、１から５までの５段階でお答えください。

１　＝　まったくない　　２　＝　少しはある
３　＝　まあまあある　　４　＝　だいぶある
５　＝　かなりある

１．リーダーが語る組織の価値観と、現場が正しいと思っていることが連動していると思う　□
２．組織の公式ルートでの発表からの情報も、喫煙室やリフレッシュスペースでのオフラインの会話からの情報も、両方を組織の現状を知る上で十分活用している　□
３．何かを決める必要がある場合、誰のもとへ行けばいいかわかっている。また、求める結果を達成するために誰が手伝ってくれるかもわかっている　□
４．いつ上司や同僚に助けを求めたらよいか、その際共通のゴールは何か、どのようにコラボレーションしたらよいか、すべてはっきりしている　□

5．厄介な問題でどうにもならなくなっても、会社の制度と自分のネットワークの両方を利用して必要な知識を見つけ、正確かつ素早く解決できる □

6．業績目標を達成するために、どうすれば気分よく前向きに取り組めるかわかっている。一方で、与えられる業績目標は、何もなければそこまで背伸びして努力したくない程度にレベルが高い □

7．組織の中で優れたアイデアをよく耳にする。なかでも、とりわけ優れたものには人や予算を割り当てて実行に移させる方法を見つけることができる □

8．組織が変わらなければならないという合意さえ形成されれば、何をすればよいのかを描くことはそう難しくない。また自分自身も意識と行動を変えることに問題なく対処できる □

9．顧客のニーズは理解しており、顧客の立場で考えることができる。またそのニーズを満たす準備も整っている □

10．今の職位でも、新たなことを学んだり試したりする機会はいくらでもある □

これらの質問の点数が、すべて４点以上の人は、フォーマルとインフォーマルのバランスが取れており、ＯＱが高いと評価されたことになる。以下に各質問の意味を補足するので、点数が３点以下だった質問については特に注意して読んで欲しい。あなたやチームの改善すべき点が見つかるかもしれない。

1．価値観の共有

現場と組織の価値観は、どの程度一致しているのだろうか。組織が公表している価値観と自分の部門やチームの価値観が異なるのに、自部門以外では広く組織の価値観が支持されているとしたら、自分たちが組織のガン細胞となっている可能性もあり、全社との一体感を取り戻す必要がある。また逆に、組織が公表している価値観が誰にも支持されていなければ、どのグループも他のグループと協力して働くことが難しいはずだ。

2．情報伝達ルート

フォーマルな情報伝達ルートを役に立たないと感じているのであれば、膨大な報告を形式通り処理するのに時間を取られ過ぎているか、そもそも建前ばかりで信用できないと活用をあきらめているかのどちらかだろう。調査や研究によると、パフォーマンスが高い人々は、どのメッセージを無視すべきかを即座に判断するという。また一方で、もしオフラインの何気ない会話から情報を得ていないとすると、重要な情報伝達ルートにつながっていないと考えられる。周囲と信頼できる人間関係をベースにしてつながる方法を見つけるべきだ。そうすれば周囲もあなたとの情報共有を開始するはずである。話題が赤提灯でくだをまくような噂話やゴシップであっても、頭から拒否しないことが大切だ。ゴシップのやり取りもお互いが信頼を築く方法なのだから。

3．意思決定権とそれに影響を及ぼす人物

決断が必要な際に話を持っていく場所がわからないのであれば、少し時間を使って組織の力関係を理解する必要がある。この分野での点数が低いことは、予算要求における手順の進め方がわかっていないことを意

味する。また早い段階から支持を得ておくために、意思決定プロセスに影響を及ぼす人物を理解する必要がある。

4．柔軟かつ体系立った協力体制

人と協力して働くには価値観とプロセスの両方が重要だ。もし協力して働くことにやりにくさがあるとすれば、お互いの行動に具体的な問題が眠っている可能性がある。そうした問題はたいてい全員が同じことを感じているものなので、はっきり提起すべきだ。逆に、グループでの共同作業は楽しいが生産性が低いと考えている場合は、体系立った議題リストや会議のファシリテーションといったフォーマルなプロセスがもう少し必要な場合がある。しかし、一番の問題はおそらく明確な目標が欠如していることだ。解決しようとしている問題とグループでの仕事における成功の定義をチームで話し合って明確にすべきである。

5．問題の解決

会社が用意した問題解決の仕組みやツールをまったく使っていないとしたら、わざわざ手間をかけて不必要なことをしている可能性がある。自らがよくぶつかる問題への対処法を、他の人にも聞いてみよう。ふだんは起こらない変わった問題で、相談相手がわからない場合も同じようにしてみよう。周囲に聞くと、誰に相談すればよいかおそらく同じ名前を何度も耳にするはずだ。あるいは誰かと話す際、本題からたまには離れて、互いに知っていることを共有する時間をもう少し作ってみよう。

6．動機づけ

これは重要なポイントである。毎日の起きているほとんどの時間をどのように感じるかに影響を及ぼす問題だからだ。本書で提案した方法以外にも、マネジャーと相談して、仕事を個人的により意味のあるものにする方法を見つけるべきだ。それが難しければ、必要な仕事を気持ちよく行うために同僚や顧客に手伝ってもらう方法を考えてみよう。同僚や顧客から認めてもらうだけでも、プライドの源になることはよくあることである。

7．創造性とアウトプット

クリエイティブなアイデアがあまり出てこない場合、あなた自身がそういったアイデアを出していない可能性が高い。つまり、あなたのグループがクリエイティブなアイデアの流れの中にいないということだ。クリエイティブな解決策をブレインストーミングする際に適切な人物が誰かを周囲に聞いてみよう。その人物との関係を築こう。逆に、アイデアはあっても選択・実行されない状態が続くようなら、意思決定者が重要だと考えている基準をきちんとわかっていない可能性もある。

8．変化への対応力

まず会社全体が「何から何へ」変わるのかをよく理解する必要がある（現在の状況と目指すべき方向）。会社全体を理解した後で、自らの「何から何へ」を考えよう。トレーニングなどのフォーマルなツールが提供されていること、ネットワークやプライドビルダーであるマネジャーや同僚が支援してくれることがわかれば自信が湧いてくるはずだ。

9．顧客への感情移入と反応性

顧客の声に耳を傾けることは、顧客を感動させる第一歩だ。顧客の立場になってみよう。顧客が店のドアから入ってきた瞬間から、その人が感じることを想像してみよう。しかし、問題を理解することは解決策の半分にしか過ぎない。問題の発生から解決までに関わる、社内のさまざまな部門やグループとの関係を利用して、解決のためのリソースを得る方法を知っておくべきだ。顧客のニーズに答えるために必要な支援を他人に頼むことを躊躇してはならない。顧客が満足したら、その成功と評価を同僚や現場とは離れている業務の従業員とは特に共有し、関係者全員のプライドを築くようにすべきである。

10. 個人的な成長

リスクを取ることは重要だ。しかし、そのためには自らの役割と任務においてフォーマルな柔軟性を持つことと、成長と挑戦の価値を高めるインフォーマルなシステムによる支援が必要となる。まずは、あなたの上司と協力関係をつくろう。多くの上司が部下の成長を望んでいる。しかし、部下の成長を助ける時間や知識がない可能性もある。あなたの成長を支援できる体制が整うよう、上司を支援することが第一歩だ。どうしても上司の支援が受けられなければ、あなたが興味を持てる役割を担う同僚の手伝いをする機会を見つけよう。

診断ツール②　フォーマルとインフォーマルのバランス診断

以下に2つの評価項目のリストがある。1つ目は組織の能力で改善が必要な要素を知るための6つの質問である。2つ目は組織のフォーマルな要素とインフォーマルな要素の能力を相対的に評価する6つの質問である。これらを知ることで、そもそも組織の能力全体として強化すべき分野と、その実践におけるフォーマルとインフォーマルのバランスを改善するため、具体的にアクションすべき分野を特定することができる。

組織の能力評価

7段階で1を「弱」、7を「強」とした場合、次に挙げる能力について自らの組織を何点と評価しますか。

1. 効果的な意思決定：戦略的なオプションを特定し、それぞれの良否を分析し、選択して実行する能力　□
2. 優れたイノベーション：これまでにない付加価値を生み出す事業機会を認識し、類のない製品やサービスをつくるソリューションを生み出す能力　□
3. 卓越した反応性と適合性：市場での出来事が示唆する内容を理解し、対応する変更を検討して、その変更に適合する能力　□
4. 組織を横断する協力体制：組織の壁を越えてグループや個人が協力し、組織内の他の部門の協力が必要な難しい問題の解決に取り組む能力　□
5. タイムリーな実行：競合他社と比較して、仕事を実行するスピードとやり直しの少なさに関連した能力　□

6．コンスタントな改善：生産性・反応性・品質に関して、小さな機会を見逃さず改善につなげる能力 □

フォーマルな要素とインフォーマルな要素のバランスに関する評価

7段階で1を「弱」、7を「強」とした場合、次に挙げる要素について自らの組織を何点と評価しますか。

1．戦略が明確で、組織内の異なる部門の判断が同じ方向を向いている □
2．価値観が組織内で実際に目に見える形で示されており、日々の行動指針となっている。また個々の行動に一貫した方向性を与えている □
3．組織構造・プロセス・プログラムが常に効率的な仕事の達成を可能にしている □
4．インフォーマルな個人的ネットワークと人間関係が、コミュニケーションや仕事に必要な知識、信頼できるアドバイスや活力に影響を与えている □
5．個人的な評価指標や目標とパフォーマンスにもとづいた報酬の関係が明確である □
6．仕事に対するプライドが行動を動機づけしていて、それが高いレベルのパフォーマンスにつながっている □

このバランス評価については、質問1、3、5の点数を合計する。その合計がフォーマルな部分の強さになる。次に質問2、4、6の点数を合計する。その合計がインフォーマルな部分の強さになる。両者を比較することでバランスがどの程度取れているかがわかる。

バランスを診断する

フォーマルかインフォーマルのいずれかが過剰に勝っている場合、組織の変革が必要となる。その際の、改革の方向性に関するアイデアを次の表にまとめてある。

図表　診断ツール：OQの評価

能　力	フォーマルが勝る	インフォーマルが勝る
1．意思決定	意思決定部門に、意見の相違や対話を通じた発展を受け入れる価値観や行動基準を持たせる	組織内のグループにおける説明責任と意思決定の権限を明確にする。意思決定を行う上で正しい情報がインプットされ、結果が明確に伝達されている
2．イノベーション	革新的な意見が上層部まで伝わるようにすることでモチベーションを高め、より多くのアイデアが生まれるようにする	現場へのイノベーションを吸い上げるプロセスに基準を設け、優れたアイディアが選ばれて発展する体制をつくる
3．迅速な順応性	インフォーマルなコミュニケーションを利用して変化やトレンドを素早く察知する	迅速な意思決定プロセスを確立する。トレンドを察知した際のアクションプランについて責任の所在を明確にする
4．協力体制	ネットワークの形成を目的として部門横断的なチームをつくる	作業工程とワークフローを明確にし、行動管理ができる体制を整備する
5．実　　行	ルールの内容を単に行うだけでなく、結果の達成にプライドを持つ環境をつくる	評価指標と報酬を設定して、「誰が」「いつまでに」「何を」するのか明確にする
6．改　　善	リスクを取ることや試してみることに価値を置く	変更が迅速に波及・浸透する手順を作成する

参考文献

序章

1．We have changed the names of the reps in this story. The conversation is based on several we had over the course of our visit to the call center.
2．Douglas McGregor, “Theory X and Theory Y,” *Workforce*, 2002, *81* (1).

第１章

1．Tom Robbins, *Another Roadside Attraction* (New York：Bantam Dell, 1971).
2．Frederick Taylor, *The Principles of Scientfic Management* (New York：HarperCollins 1911).（『新訳 科学的管理法』有賀裕子訳　2009年　ダイヤモンド社）
3．Douglas McGregor, *The Human Side of Enterprise* (New York：McGraw-Hill, 1960)
4．Abraham Maslow, *Motivation and Personality* (2nd edition) (New York：HarperCollins, 1970；originally Published 1954).（『人間性の心理学－モチベーションとパーソナリティ』小口忠彦訳　1987年　産能大出版部）
5．Frederick Herzberg, “One More Time：How Do You Motivate Employees?” *Harvard Business Review*, Sept.-Oct.1987, *65* (5), 109-120.
6．This discussion draws on the notions of the tyranny of either/or described by Jim Collins and Jerry Porras in their classic work, *Built to Last* (New York：Harper Business Essentials, 1994).
7．Harold J.Leavitt, *Top Down* (Boston：Harvard University Press, 2005), p.63.
8．Daniel Goleman, *Emotional Intelligence* (NewYork：Bantam, 1995, p.xii.（『ＥＱ　こころの知能指数』土屋京子訳　1996年　講談社）
9．Edward Thorndike, “Intelligence and Its Use,” *Harper's Magazine*, 1920, 140, 227-235.
10. Daniel Goleman, *Working with Emotional Intelligence* (New York：Bantam, 1998), p.3.

第２章

1．Chris Roush, *Inside Home Depot：How One Company Revolutionized an Industry Through the Relentless Pursuit of Growth*（NewYork：McGraw-Hill, 1999）.

2．Chester I.Barnard, *The Function of the Executive*（30th Anniversary Edition）（Cambridge, Mass.：Harvard University Press, 1968）, p.8.

3．Anna Muoio, "Growing Smart," *Fast Company*, July 1998；retrieved from www.fastcompany.com/magazine/16/one.html, December 29, 2009.

4．Marshall Goldsmith and Mark Reiter, *What Got You Here Won't Get You There*（New York：Hyperion, 2007）.（『コーチングの神様が教える「できる人」の法則』斎藤聖美訳　2007年　日本経済新聞出版社）

5．George Anders, "Business Fights Back：eBay Learns to Trust Again," *Fast Company*, December 19, 2007；retrieved from www.fastcompany.com/magazine/53/ebay.html?page=0%2C1, November17, 2009.

第３章

1．E.O.Wilson, *Consilience：The Unity of Knowledge*（New York：Knopf, 1998）.

2．Pauline Graham, *Mary Parker Follett-Prophet of Management：A Celebration of Writings from the 1920s*（Boston：Harvard Business Press, 1995）.

3．Karl Weick, "The Sociology of Organizing," 1979（Rensis Likert Distinguished University Professor at the Ross School of Business at the University of Michigan）.

4．Thomas J. DeLong and Vineeta Vijayaraghavan, "Let's Hear It for B Players," *Harvard Business Review HBR OnPoint Enhanced Edition*, June 2003；retrieved from http://hbr.org/product/let-s-hear-it-for-b-players/an/R0306F-PDF-ENG?conversationId=64071, December 29, 2009.

5．Note that quartets and chamber groups typically do not have a conductor.

第4章

1．Jon R. Katzenbach, *Why Pride Matters More Than Money* (NewYork：Crown Business, 2003).

2．Bob Sutton, "An Astounding Intervention That Stopped Employee Theft," Work Matters, May14, 2009；retrieved from http://bobsutton.typepad.com/my_weblog/2009/05/an-astounding-intervention-that-stopped-employee-theft.html, November 17, 2009.

3．Leon Festinger, *A Theory of Cognitive Dissonance* (Stanford, Calif.：Stanford University Press, 1957).

4．Carol Sansone and Judith M.Harackiewicz (eds.), *Intrinsic and Extrinsic Motivation：The Search for Optimal Motivation and Performance* (San Diego, Calif.：Academic Press, 2000).

第5章

1．April Goodwin, "Reliant Energy's Clean-Coal Plant," *Constructioneer*, January 19, 2004；retrieved from www.allbusiness.com/print/6287221-1-22eeq.html, November17, 2009.

2．Clive Thompson, "Are your Friends Making You Fat ?" *New York Times Magazine*, September 13, 2009；retrieved from www.nytimes.com/2009/09/13/magazine/13contagion-t.html?ref=magazine, December 29, 2009.

3．Nicholas A.Christakis and James H.Fowler, "The Spread of Obesity in a Large Social Network over 32 Years," *New England Journal of Medicine*, July 26, 2007, 357, 370-379.

4．"Software That Spots Hidden Networks：Electronic Ties That Bind," *The Economist*, June 25, 2009；retrieved from www.economist.com/businessfinance/displaystory.chm?story_id=E1_TPJTVSJR, December 29, 2009.

5．Cataphora, "E-Discovery," n.d.；retrieved from www.Cataphora.com/solutions/legal/ediscovery.php, December17, 2009.

第６章

1．“Want to Talk to the Chief?Book your Half Hour with Susan Lyne, CEO of Gilt Groupe,” *New York Times*, Oct.3, 2009, Business section, p.2.

第７章

1．Jane Barrer, comment posted to message boards at www.greatschools.net, April30, 2007.

第８章

1．Douglas A. Ready, Linda A.Hill, and Jay A. Conger, “Winning the Race for Talent in Emerging Markets,” *Harvard Business Review*, November 2008.

2．Steve Hamm, “HCL's Leveraged Leap to India's Top Tech Circle,” Information Technology blog on Business Week.com, December15, 2008；retrieved from www.businessweek.com/technology/content/dec2008/tc20081214_882277.htm, November17, 2009.

第９章

1．Much of the detail for this account was developed by Roger Bolton, EVP at Aetna during the turnaround, for a book he is writing with Jon Katzenbach and David Knott, senior partner at Booz&Company.

2．Jim Collins and Jerry Porras coined the term“mechanisms”in their classic best seller, *Built to Last*（New York：Harper Business Essentials, 1994).

3．This is based on David J.Snowden and Mary E.Boone, “A Leader's Framework for Decision Making,” *Harvard Business Review*, November 2007；retrieved from www.mpiweb.org/CMS/uploadedFiles/Article%20for%20Marketing%20-%20Mary%20Boone.pdf, November17, 2009.

4．David Snowden and C.F. Kurtz, “The New Dynamics of Strategy：Sense-Making In a Complex and Complicated World,” *IBM Systems Journal*, 2003, 42（3).

第10章

1．Henry Mintzberg. “The Rise and Fall of Strategic Planning,” *Harvard Business Review*, January 1994；retrieved from http://hbr.org/product/fall-and-rise-of-strategic-planning/an/94107-PDF-ENG?Ntt=The+Rise+and+Fall+of+strategic+planning, December 29, 2009.
2．Zia Khan and Jon Katzenbach, “Are You Killing Enough Ideas?” *Strategy & Business*, August 27, 2009.
3．Suzanne P. Nimrocks, Robert L.Rosiello, and Oliver Wright, “Managing Overhead Costs,” *McKinsey Quarterly*, May 2005；retrieved from http://www.mckinseyquarterly.com/Managing_overhead_costs_1604, December 29, 2009. In addition, much of this material is from Paul Bromfield and Jon Katzenbach's “Energizing Employees in Recessionary Times,” white paper, Booz&Company, 2008.

謝辞

本書の完成までには多くの方々からご協力をいただいた。

まずカッツェンバック・パートナーズにお礼を申し上げたい。同社は研究のスポンサーになってくれただけでなく、貴重な意見やコメント、知恵を我々に提供するよう自社のインフォーマルなネットワークに呼びかけてくれた。なかでもアレックス・ゴールドスミスは初期のアイデアについてよい相談相手となり、読者から想定される反応のテスト役を買って出てくれた。同社は我々が出会い集まる場を提供してくれ、そこで長年にわたり素晴らしい同僚とともに仕事をし、笑い合うことができた。

本書を完成させるために、本当に多くの方々からご助力をいただいた。なかでも特にお世話になった方々を以下に挙げたい。アリソン・キーン、デビッド・パルティエル、マイケル・ヌーンは、本書で取り上げた事例調査や仮原稿の作成を手伝ってくれた。マイケル・ウォーカーは自らの芸術への情熱を追求するかたわら、本書の調査と進行管理で重要な役割を果たしてくれた。エイブ・タラパニはザクリーの事例研究をまとめてくれた。

クライアントの皆様や我々の考えに共鳴し協力してくれた皆様、リスクを省みず一緒に働いてくれた皆様、話を聞かせてくださった皆様、我々のアイデアの発展にご助力いただいたすべての皆様に、お礼を申し上げたい。結局のところ、我々のアイデアが持つ影響力は、それがどのように小さな組織であれ、リーダーがパフォーマンスを改善しようとする際にどの程度役立つかで決まる。我々とともにこの本のアイデアを試しながら発展させてくれた皆様は、後進となる数多くの人々の利益につながる道を切り開いたと言えるだろう。

アイデア出しや原稿作成においては、ジョン・ブットマンの助力がなければ本書をまとめることはできなかっただろう。校正の際、シャーリー・デ・ラ・フエンテにも助けてもらった。

カッツェンバック・パートナーズとブーズ・アンド・カンパニーの合併後、新たに有益なフィードバックを得ることができた。アート・クライナー、ジョナサン・ゲイジ、トム・スチュワートに加え、ブーズ・アンド・カンパニーのカッツェンバック・センターのディレクターであるイロナ・ステファンは、マーケティング戦略の面から見た考察を手伝ってくれた。カッツェンバック・センターでは、フォーマルとインフォーマルの統合が現在も重要な課題になっている。クリスチャン・ブルーとエフラム・レボヴィッツには、本書の最終段階の進行管理を手伝ってもらった。

本書の出版に当たっては、ジョセイ・バスのチームが協力してくれた。カレン・マーフィーは、我々の考え方を理解し、初期原稿の段階から現在の本の形になるまで力を貸してくれた。プロダクション編集者のメアリー・ギャレットと原稿整理担当のヒラリー・パワーズは、原稿の校正を含めた、さまざまな形で貴重な貢献をしてくれた。

個人的な関係では、友人や家族からのサポートがあった。リンダ・カッツェンバックは多くの時間を使って、原稿に関する批評をしてくれた。ジアの両親は彼の研究と文章に高い目標を与えてくれた。彼の姉妹サイラとその家族であるエドナン、ヤスミーン、ナディア、アリアナに加え、ニューヨークとサンフランシスコの友人による励ましや気晴らしも大きな助けになった。

著者紹介

ジョン・カッツェンバック（Jon Katzenbach）

ブーズ・アンド・カンパニー・ニューヨーク・オフィスのシニア・パートナー。同社のカッツェンバック・センターのリーダーとして，リーダーシップ，組織文化，組織パフォーマンスに関する最新の画期的なアプローチの研究開発を行っている。

35年以上にわたり，マッキンゼー・アンド・カンパニーのコンサルタントとして活躍。同社のディレクターを務めた後，同センターの前身であるカッツェンバック・パートナーズＬＬＣを創業し，10年以上にわたって幅広い業界のクライアントにインパクトを与え続けてきた。

1954年，スタンフォード大学卒業（経済学専攻）。大学時代はファイベータカッパクラブ（成績優秀な大学生・卒業生から成る米国最古のギリシャ文字クラブ）の会員であった。朝鮮戦争時には海軍中尉としてＵＳＳウェットストーン，ＵＳＳニコラスにおける任務に携わる。1959年，ハーバード・ビジネス・スクールにてＭＢＡを取得。成績上位５％の学生に与えられるベイカー・スカラー賞を受賞している。

著書に *Why Pride Matters More Than Money*, Crown Publishing, 2003., *Peak Performance*, Harvard Business School Press, 2000.（邦訳『コミットメント経営』ダイヤモンド社，2001年），*Real Change Leaders*, Times Books,1997.（邦訳『リアル・チェンジ・リーダー』講談社，1998年）など多数。ダグラス・Ｋ・スミスとの共著に *The Discipline of Teams*, John Wiley & Sons Inc., 2001., *The Wisdom of Teams*, Harvard Business School Press, 1992.（邦訳『高業績チームの知恵』ダイヤモンド社，1994年）がある。

ジア・カン（Zia Khan）

ロックフェラー財団のバイス・プレジデント（戦略評価担当）。同財団では，グローバリゼーションがもたらす利益の公正な分配を支援し，社会・経済・医療・環境分野の課題に対するレジリエンス（困難な状況に対する適応力）を強化する最先端研究のサポートを行っている。

ジョン・カッツェンバックとともに設立したカッツェンバック・センターのシニア・フェローとして，またフリーランスのコンサルタントとして，リーダーを対象に戦略や組織パフォーマンスに関するアドバイスを行っている。

カッツェンバック・パートナーズでは，サンフランシスコ・オフィスを設立し，米国西海岸における同社の事業成長をリード。インフォーマルな組織に関する研究のパイオニアでもある。ブーズ・アンド・カンパニーによるカッツェンバック・パートナーズ統合後，同社に参加。同社のパートナーを経て，2009年より現職。

コーネル大学卒業後，スタンフォード大学で修士号と博士号を取得。現在，ニューヨーク市ブルックリン在住。

訳者紹介

ブーズ・アンド・カンパニー
オーガニゼーション・アンド・チェンジリーダーシップ・グループ

経営コンサルティング会社ブーズ・アンド・カンパニーにおいて，組織と人材に関するコンサルティングを行う専門チーム。多数のコンサルタントを擁し，グローバルで蓄積した同分野の知見を活用した，顧客へのコンサルティング・サービスを提供している。

<ブーズ・アンド・カンパニーについて>

世界のトップ企業，政府および諸機関にコンサルティング・サービスを提供しているグローバル経営コンサルティング会社。1914年に創業し，世界30カ国以上，60事務所に3,300人を超えるプロフェッショナル・スタッフを擁する。組織改革・チェンジマネジメントの分野でグローバルに豊富な経験を有することでも知られている。

ビジネス界におけるコンセプト・リーダーとして季刊英文ビジネス誌『strategy + business』を発行しており，コンサルタントによる寄稿の他に，一流の経済ジャーナリストの調査レポート，企業経営者や研究者へのインタビューなどを掲載している。

日本では1983年の事務所開設以来，民間企業，公共機関を対象に，戦略策定，組織改革，マーケティング，オペレーション，R＆D，コーポレートファイナンス，リスクマネジメントなどについて，各産業分野で経験を有するコンサルタントが，グローバルなネットワークを生かして支援にあたっている。www.booz.co.jp

訳者との契約により検印省略

平成23年10月20日　初版第１刷発行

インフォーマル組織力
組織を動かすリーダーの条件

著　　者　Jon R. Katzenbach
　　　　　Zia Khan
訳　　者　ブーズ・アンド・カンパニー
発 行 者　大　坪　嘉　春
印 刷 所　税経印刷株式会社
製 本 所　牧製本印刷株式会社

発 行 所　〒161-0033 東京都新宿区
下落合２丁目５番13号
株式会社 税務経理協会
振　替 00190-2-187408
FAX (03)3565-3391
電話 (03)3953-3301（編集部）
(03)3953-3325（営業部）
URL http://www.zeikei.co.jp/
乱丁・落丁の場合は，お取替えいたします。

ISBN978-4-419-05687-2 C3034